WESTEND

Peter Zudeick arbeitet als freier Journalist für fast alle ARD-Rundfunkanstalten. Seine scharfen politischen Analysen, aber auch seine satirischen Rückblicke haben ihn einem größeren Publikum bekannt gemacht. Vom promovierten Philosophen Zudeick erschienen im Westend Verlag »Tschüss, ihr da oben« und »Ich bejahe diese Frage mit Ja«.

Peter Zudeick (Hg.)

Das alles und noch viel mehr würden wir machen, wenn wir Kanzler von Deutschland wär'n

WESTEND

Mehr über unsere Autoren und Bücher:
www.westendverlag.de

Die Deutsche Nationalbibliothek verzeichnet diese Publikation in der Deutschen Nationalbibliografie; detaillierte bibliografische Daten sind im Internet über http://dnb.d-nb.de abrufbar.

FSC
www.fsc.org
MIX
Papier aus verantwortungsvollen Quellen
FSC® C083411

ISBN 978-3-86489-033-8

Satz: Publikations Atelier, Dreieich
Druck und Bindung: CPI – Clausen & Bosse, Leck
Printed in Germany

Inhalt

Peter Zudeick

Ohne Vorbehalt

Politik steht grundsätzlich unter Vorbehalt. Parteipolitik sowieso, Regierungspolitik geradezu zwangsläufig. Wenn politische Parteien wahlkämpfen, dann versprechen sie, dass alles besser wird. Irgendwie. Was sie selten dazusagen: Ihre Versprechen gelten immer nur »vorbehaltlich«. Zum Beispiel unter dem Vorbehalt, dass in einer künftigen Regierung der Koalitionspartner mitmacht. Franz Müntefering hat dazu den entscheidenden Satz geprägt: »Wir werden als Koalition von manchen gemessen an dem, was in Wahlkämpfen gesagt worden ist. Das ist unfair.« Genauso unfair fand Müntefering das Gelächter der Journalisten über diese bemerkenswerte Einsicht. Das war im Jahr 2006, als in der großen Koalition allerlei Wahlversprechen von SPD und Union den Bach runtergegangen waren. Was einfach daran liegt, dass eben alle Wahlversprechen nur unter Vorbehalt gelten, unter dem Generalvorbehalt: Wenn's funktioniert. Es funktioniert halt meistens nicht. Weil der Koalitionspartner nicht will, weil kein Geld da ist, weil die Zeit nicht reif ist und überhaupt.

Helmut Schmidt versprach im Bundestagswahlkampf 1976 sichere Renten und wollte nach der Wahl die nächste Rentenanpassung verschieben und absenken. Dazu kam es freilich nicht, weil die SPD-Fraktion den Coup verhinderte. Den Vorwurf »Rentenlüge« hatte Schmidt trotzdem am Hals. Wie viele Jahre später Norbert Blüm, der im Wahljahr 1994 mit dem Slogan »Die Rente ist sicher« durch die Lande zog. Irgendwie kam dann alles ganz anders.

Vier Jahre vorher hatte Helmut Kohl den Wählern »blühende Landschaften« im Osten versprochen. In drei, vier Jahren.

Nicht mal eben so dahergesagt, sondern zig-fach wiederholt. Möglicherweise nicht einmal in böser Absicht. Norbert Blüm hat 1994 an die sichere Rente geglaubt wie Helmut Kohl 1990 an die blühenden Landschaften. Die glauben da heute noch dran. Kohl hat vielleicht sogar daran geglaubt, dass die deutsche Einheit »aus der Portokasse« zu finanzieren sei. Das hat er nämlich den Westdeutschen versprochen. Ebenfalls 1990, im Wahlkampf der »blühenden Landschaften«. Das ging als »Steuerlüge« in die politische Geschichte ein. Und es war die ansonsten höchst kohlfreundliche *Bild*-Zeitung, die Kohl auf der Titelseite flachlegte. Als Umfaller, weil er 1991 dann doch die Steuern erhöhte. Immerhin holte die Union mit »blühenden Landschaften« und »Steuerlüge« 43,8 Prozent der Stimmen. Das war die Sache wohl wert.

Nur: Irgendwie können sie nie so richtig was dafür, die Damen und Herren Politiker, weil eben alles, was sie sagen und tun, unter Vorbehalt steht. Am allerliebsten unter Finanzierungsvorbehalt. Jedes Gesetz, dessen Durchführung etwas kostet, steht unter Finanzierungsvorbehalt. Wie Politik insgesamt. Die FDP ist in der schwarz-gelben Koalition vor allem deshalb so grandios gescheitert, weil ihr einzig relevantes Wahlversprechen, nämlich eine spürbare Steuersenkung, das Vorbehaltsschicksal erlitt. Die CDU ließ sich zwar breitschlagen, Steuersenkungen in den Koalitionsvertrag aufzunehmen. Aber auf Druck von Wolfgang Schäuble nur unter Finanzierungsvorbehalt. Damit hat er die Blau-Gelben eine Legislaturperiode lang am Nasenring durch die Regierungsmanege gezogen.

Will sagen: Was Politiker im Wahlkampf versprechen, was sie sich vornehmen, ist selbstredend nicht ernst zu nehmen. Das tun die Bundesbürger in ihrer großen Mehrheit übrigens auch nicht. Müntefering hat recht: Man darf Politiker nur an dem messen, was sie tatsächlich können, nicht an dem, was sie sich wünschen oder uns versprechen. So erspart man sich Enttäuschungen und vor allen Dingen die Aufregung über das, was in Wahlkampfzeiten mal wieder so alles versprochen wird.

Wobei ja ohnehin eher das andere vorherrscht: ein allgemeines Larifari statt konkreter Aussagen, an denen man Politik messen könnte, ein weichgespültes Wenn und Aber und Hättekönntedürftemüsste, ein grauschleieriges Nichts, ein Gaukeln im Ungefähren – alles wie in Watte gebissen. Weil die Sprache des Vorbehalts gilt, wird nur noch rumgeeiert. Und das nicht nur sprachlich, sondern auch gedanklich. Der Vorbehalt ist in die Köpfe eingewachsen wie ein Nagel in den Zeh. Ins politische Handeln sowieso.

Wir Bürger haben mit dem Ritual des grundsätzlichen Vorbehalts nichts am Hut. Wir können sagen: So geht's, und zwar subito, kommt mir nicht mit Vorbehalten und Ausflüchten, macht Politik so, wie ich das will. Mal ganz apodiktisch, mal eher abwägend, mal mehr, mal weniger radikal. Auf die Politikerantwort »Das kann man so nicht machen« antworten wir mit der Frage: »Warum nicht, zum Teufel?« Auf den Einwand »Das kann man nicht finanzieren« antworten wir höchst ungnädig: »Hört auf mit der permanenten Verschwendung öffentlicher Gelder.« Wer ohne Vorbehalt denkt und argumentiert, geht den Dingen auf den Grund, stellt Fragen ohne Vor- und Rücksichten, ohne hundert Fußnoten im Kopf. Das wollten wir mit diesem Buch einmal versuchen: Gleichsam »politisch naiv« den Berufspolitikern sagen, wo's langgehen soll auf den politischen Feldern, die wir für zentral halten.

Natürlich haben wir nicht alle Politikbereiche abgedeckt. Wie in jedem Buch, so fehlt auch hier mehr, als drinsteht. Aber wir wollten die Beliebigkeit vermeiden, die politische Programme üblicherweise »auszeichnet«, zugunsten von dem, was wir für exemplarisch halten. Deshalb das schöne geklaute, ausgeliehene Motto: »Das alles und noch viel mehr würden wir machen, wenn wir König von Deutschland wär'n«.

Bettina Gaus

So nicht! Gegen die weitere Militarisierung der Außenpolitik

Wenn aus Umfragen verschiedener Institute hervorgeht, dass eine überwältigende Mehrheit der Bevölkerung bei einem bestimmten Thema die »ganze Richtung« konstant für falsch hält, dann steht eine Regierung das selten lange durch – ob es sich nun um die Frage des Mindestlohns, um Familienpolitik oder um die Veröffentlichung von Nebeneinkünften der Abgeordneten handelt. Ausnahme: die Sicherheitspolitik.

Seit Jahren glauben bis zu 75 Prozent der Deutschen nicht mehr an einen Erfolg der ausländischen Militärintervention in Afghanistan, fast ebenso viele lehnen den Export von Rüstungsgütern ab. Aber aus dem Gegensatz zwischen staatlichem Handeln und Mehrheitsmeinung entsteht derzeit keine Dynamik.

Die Friedensbewegung hat jeden Einfluss verloren, es gibt keine Kraft mehr, die stark genug wäre, um in diesem Bereich eine Diskussion über Alternativen zum derzeitigen Kurs zu erzwingen.

Nicht einmal die Linkspartei, die einzige prinzipiell militärkritische Fraktion im Bundestag, schafft das heute noch – möglicherweise deshalb, weil sie seit Jahren auf alle neuen Fragen die stets gleichen Antworten gibt. Dahinter steht die Sorge, ihre Stammwählerschaft könne der Partei andernfalls eine ähnlich opportunistische Haltung unterstellen, wie sie die Grünen 1998 nach der Regierungsbeteiligung im Bund eingenommen haben.

Eine verständliche Furcht, die allerdings zu Erstarrung geführt hat. Vorhersehbare Positionen sind ungeeignet, eine lebendige Diskussion in Gang zu setzen.

Ohne öffentlichen Druck fiele es jedoch jeder neuen Regierung schwer, einen Kurswechsel einzuleiten. Nur das pragmatische Hilfsargument der öffentlichen Meinung ist erfahrungsgemäß ein probates Mittel, um dem erwartbaren Widerstand internationaler Verbündeter oder der Wirtschaft zu begegnen. Die erste Frage im Zusammenhang mit Sicherheitspolitik nach einer gewonnenen Wahl muss deshalb lauten: Warum gibt es keine breite Debatte mehr darüber – und wie lässt sich das ändern?

Auf den ersten Blick wirkt es wie ein seltsamer Widerspruch, dass ausgerechnet die Grundsätze der Militärpolitik nicht mehr Gegenstand öffentlicher Kontroversen sind, hat doch kaum ein anderes Thema seit Gründung der Bundesrepublik die Öffentlichkeit so sehr polarisiert wie dieses. Wiederbewaffnung, NATO-Beitritt, Nachrüstung und die ersten Auslandseinsätze der Bundeswehr: Über alles wurde erbittert gestritten, stets entlang der damals noch klar definierten Linien der politischen Lager. Die Sachkenntnis war hoch, auch in großen Teilen der Bevölkerung, die sich nicht beruflich mit Politik beschäftigten. Heute klingt all das, als läge es nicht nur einige Jahre zurück, sondern stamme aus einer fernen, fast vergessenen Zeit.

Eingesetzt hat der Wandel mit dem Ende der bipolaren Welt. Der gewaltfreie Zerfall der Sowjetunion, den vor 1989 nur wenige Fachleute für möglich gehalten hatten, führte in den NATO-Staaten zunächst zu einer hochmütigen Fehleinschätzung der Möglichkeit, Diplomatie durch militärischen Zwang zu ersetzen.

Das beste Beispiel dafür ist der gescheiterte Einsatz in Somalia zu Beginn der 1990er Jahre. Die naive Überzeugung, eine komplizierte Gemengelage ließe sich durch überlegene

Waffengewalt von außen regeln, wurde damals binnen weniger Monate widerlegt. In der Folgezeit wiederholte sich regelmäßig die Erfahrung, dass die schnelle Eroberung einer Hauptstadt nicht gleichbedeutend ist mit der Kontrolle über ein Land: in Afghanistan, im Irak, in jüngerer Zeit in Libyen.

Aus dieser Erfahrung scheint nichts gelernt worden zu sein. Warum nicht? Offenbar wirken verschiedene Faktoren zusammen. Der Einsatz in Somalia hatte ein Mandat der Vereinten Nationen. Versagt hat in dem ostafrikanischen Land nicht nur die führende Militärmacht USA, sondern auch die UNO. Das schwächte die Position derjenigen, die der Ansicht waren, lediglich eine weltweite Legitimierung jeder Intervention könne erfolgreich friedensstiftend wirken.

Der völkerrechtswidrige Kosovo-Krieg, der ohne UN-Mandat geführt wurde, gilt bis heute als geglückte Mission – obwohl es gute Gründe gäbe, dieser Analyse zu widersprechen. Schwer bestreiten lässt sich allerdings, dass der Angriff auf das ehemalige Jugoslawien erfolgreicher war als die Operation in Somalia; zumindest herrscht dort inzwischen kein offener Krieg mehr. Das und die Tatsache, dass ausgerechnet eine rot-grüne Bundesregierung einer Beteiligung an diesem Einsatz zugestimmt hat – also das Lager, das ursprünglich mit dem behaupteten Ziel angetreten war, sich einer Militarisierung der Außenpolitik entgegenstemmen zu wollen – haben zu einer tiefen Verunsicherung der ursprünglich militärkritischen Teile der Bevölkerung geführt.

Hinzu kam schließlich der Schock über die terroristischen Attentate vom 11. September 2001 auf Ziele in den USA. Und die Ratlosigkeit hinsichtlich dessen, wie auf derartige Anschläge reagiert werden kann und soll.

All das führte dazu, dass eine einst zumindest im Hinblick auf Grundsatzfragen einige Bewegung heute zersplittert ist – und sich offenbar mehrheitlich lieber in einen resignierten, verbitterten Privatraum zurückzieht, als für gemeinsame Ziele zu streiten.

Besonders deutlich wird das beim Thema Rüstungsexporte. Theoretisch dürfen nach wie vor keine Waffen in Spannungsgebiete geliefert werden. Und auch nicht an Staaten, in denen Menschenrechte missachtet werden. Deutschland verkauft Waffen an Pakistan, in den Irak, nach Saudi-Arabien. Wenn in diesen Ländern keine Gefahr des Missbrauchs der erworbenen Güter besteht – wo dann?

Nach den USA und Russland ist Deutschland inzwischen der weltweit drittgrößte Waffenexporteur. Das Volumen der Rüstungsexporte hat sich zwischen 2005 und 2009 verdoppelt, allerdings muss gerechtigkeitshalber gesagt werden: Die heute in dieser Hinsicht überaus kritische rot-grüne Opposition hat ebenfalls Waffen in großer Zahl in Krisengebiete geliefert. Auch in Länder, in denen die Gefahr bestand und besteht, dass diese Waffen eingesetzt werden, um demokratische Protestbewegungen zu unterdrücken.

Der Bundestag wird bei derlei Entscheidungen nicht befasst. Der Bundessicherheitsrat – ein in der Verfassung nicht verankerter Kabinettsausschuss – entscheidet. Kein Wunder, dass die Bevölkerung das Gefühl hat, nicht mitreden zu können. Wenn nicht einmal das Parlament ein Mitspracherecht hat, mehr noch: wenn es nicht einmal informiert werden muss – welche Chance auf Gehör haben dann Bürgerinnen und Bürger ohne offizielle Funktion?

Keine. Als Folge dessen nimmt die Öffentlichkeit, die einst besonders sensibel auf Veränderungen militärpolitischer Richtlinien reagierte, inzwischen selbst dramatische Neuerungen achselzuckend hin. Sogar solche, die früher allenfalls als polemische Zuspitzungen einer als radikal geltenden Minderheit betrachtet wurden.

Beispiel: Das Weißbuch der Bundeswehr aus dem Jahr 2006. Darin wurde festgeschrieben, dass die Aufgabe der

Streitkräfte auch die Sicherung wirtschaftlicher Interessen umfasst. »Blut für Öl«: Was früher als unsachlicher Angriff bezeichnet werden konnte, ist heute keine Parole mehr. Sondern Bestandteil der offiziellen Politik.

Bloß reden darf man darüber offenbar nicht. Als der damalige Bundespräsident Horst Köhler im Mai 2010 diese Aspekte der deutschen Sicherheitspolitik in einem Hörfunkinterview beleuchtete – und zwar keineswegs kritisch, sondern sachlich referierend –, da stieß er auf wütenden Protest. Seine Äußerungen wurden als »brandgefährlich« und als »extreme Position« bezeichnet, der Berliner Verfassungsrechtler Ulrich Preuß meinte, es handele sich um eine »durch das Grundgesetz schwerlich gedeckte Erweiterung der zulässigen Gründe für einen Bundeswehreinsatz«.

Man versteht, dass der Bundespräsident, der wenige Tage später zurücktrat, angesichts der Kritik nicht wusste, wie ihm geschah. Schließlich hatte er nichts anderes getan, als die offizielle Linie der deutschen Sicherheitspolitik zusammenzufassen – die übrigens mit der NATO-Doktrin übereinstimmt. Der Europäische Rat hatte bereits 2003 in seiner Europäischen Sicherheitsstrategie erklärt, die Energieabhängigkeit Europas gebe in besonderem Maße Anlass zur Besorgnis.

Angesichts der Verflechtungen zwischen Bündnispartnern – die ja durchaus auch in friedenspolitischer Hinsicht erfreuliche Konsequenzen nach sich ziehen – und angesichts der Tatsache, dass Europa im wirtschafts-und gesellschaftspolitischen Bereich mittlerweile eng verzahnt ist, kann es nicht einmal mehr in Fragen der Militärpolitik darum gehen, sich im nationalen Alleingang von all dem zu entfernen, worauf sich die Europäer inzwischen mehrheitlich verständigt haben.

Wenn man sich also von Europa nicht verabschieden möchte, aber dennoch den Weg zur Militarisierung der Außenpolitik nicht weiter beschreiten will, dann muss eine neue Regierung sich darauf beschränken, jene Weichen auf nationaler Ebene zu stellen, die nach wie vor auf dieser Ebene gestellt werden können. Das sind nicht mehr so sehr viele. Aber es gibt sie, immerhin.

Zum Beispiel: Im Hinblick auf Rüstungsexporte muss endlich Transparenz geschaffen werden – das entscheidende Gremium darf künftig nicht mehr der Bundessicherheitsrat, sondern muss das gewählte Parlament sein. Das Weißbuch der Bundeswehr gehört auf den Prüfstand, auch und gerade im Hinblick darauf, dass laut Verfassung der einzige Auftrag der Streitkräfte in der Verteidigung besteht.

Eine Debatte über all das würde nicht alle juristischen und gesellschaftlichen Probleme im Zusammenhang mit Militärpolitik lösen können. Eine solche Diskussion wäre jedoch immerhin ein Anfang auf dem Weg der Abkehr von der Militarisierung der Außenpolitik. Zugegeben: ein bescheidender Anfang. Aber es wäre besser als nichts.

Ulrich Schneider

Mindestens das Mindeste

Die Armut in Deutschland befindet sich auf einem traurigen Rekordhoch. Über 15 Prozent – über zwölf Millionen Menschen – werden nach EU-Definition als arm oder zumindest armutsnah gezählt.[1] Über sechs Millionen von ihnen leben von Hartz IV, weitere rund 900 000 von Sozialhilfe und Altersgrundsicherung. Noch nie war die soziale Spaltung in Deutschland so tief wie heute, noch nie ging die Schere zwischen Arm und Reich so weit auf.[2] Neu ist dabei nicht nur das Ausmaß der sozialen und regionalen Zerrissenheit. Neu ist vor allem, dass der Trend bundesweit seit langem zum ersten Mal wieder gefährlich nach oben zeigt. Vor allem Regionen wie Berlin oder das Ruhrgebiet bieten Anlass zu allergrößter Sorge. In Berlin ist die Armutsgefährdungsquote seit 2006 kontinuierlich von 17 auf zuletzt 21 Prozent gestiegen, im Ruhrgebiet von 16 auf 19 Prozent.[3]

Neu ist im Vergleich zu früheren Jahrzehnten auch, dass sich Armut immer mehr zu verfestigen scheint und für immer mehr Menschen mit Perspektivlosigkeit einhergeht. Hartz IV, von Kanzler Gerhard Schröder und seinem Superminister Wolfgang Clement weiland noch als »Sprungbrett« auf den ersten Arbeitsmarkt verkauft, hat sich zwischenzeitlich als Armutsfalle entpuppt, aus der es kaum einen echten Ausweg gibt. Über drei der 4,3 Millionen erwerbsfähigen Hartz-IV-Bezieher gelten in der Nürnberger Bundesagentur für Arbeit als Langzeitbezieher. Und auch bei denen, die neu in den

Hartz-IV-Bezug hineingeraten, war jeder Zweite schon vorher einmal auf diese Leistung angewiesen.[4]

Neu ist schließlich auch, dass sich Armuts- und Arbeitslosenstatistiken mittlerweile deutlich voneinander abgekoppelt haben. Die steigenden Armutsgefährdungsquoten gehen mit sinkenden Arbeitslosenquoten und sogar leicht sinkenden Hartz-IV-Quoten einher,[5] ein deutlicher Fingerzeig auf prekäre Beschäftigungsverhältnisse und Niedriglöhne. Working Poor, Armut trotz Arbeit, hat auch in Deutschland Einzug gehalten. Arbeitsmarktstatistische Erfolge werden mit einer zunehmenden Amerikanisierung des Arbeitsmarktes erkauft.

Es gibt im politischen Diskurs so gut wie keinen, der die langfristig gesellschaftsbedrohlichen Konsequenzen dieser immer tieferen sozialen Spaltung leugnen würde, begonnen bei der Erosion unserer sozialen Sicherungssysteme über den Verlust gemeinsamer Leitbilder einer Arbeits- und Leistungsgesellschaft bis hin zum Auseinanderdriften dieser Gesellschaft in ausgesprochene Sub- und Nebenkulturen. Um die großen Antworten ist denn auch kaum jemand verlegen. Wir brauchen mehr Bildungsgerechtigkeit und bessere Bildungsmöglichkeiten für alle, wir brauchen Kinderbetreuung und Arbeitsplätze, wir brauchen wirtschaftliche Erfolge, wir brauchen regionale Strukturpolitik und so weiter. Alles richtig, alles gut.

Doch handelt es sich bei solchen an sich ja richtigen Verweisen auf notwendige mittel- und langfristige Maßnahmen leider nur allzu oft lediglich um rhetorische Finesse. Gemäß dem Motto »das Bessere ist der Feind des Guten« dienen sie zu nichts anderem, als berechtigte monetäre Forderungen – von einer Hartz-IV-Regelsatzerhöhung über das Wohngeld bis hin zu einem verbesserten Familienlastenausgleich für einkommensschwache Familien – unverfänglich zurückzuweisen oder einfach ins Leere laufen zu lassen. Es ist, als würde man sich bei einem Wasserrohrbruch unter Verweis auf eine notwendige Sanierung des Rohrsystems weigern, erst einmal das Leck zu stopfen, um dem Wasser Einhalt zu gebieten und den Schaden zu begrenzen.

Die aktuelle Armutsentwicklung kommt einem solchen Rohrbruch gleich. Jeder Tag, der tatenlos verlorengeht, lässt den Schaden größer und zum Teil sogar irreversibel werden, und doch findet sich keiner, der die notwendigen Sofortmaßnahmen ergreift.

Es mag banal klingen: Aber gegen Armut hilft Geld. Völlig unbeschadet der komplexen bildungs-, arbeitsmarkt-, familien-, jugend-, struktur-, wirtschafts-, städtebau- oder sogar gesundheitspolitischen Erfordernisse einer nachhaltigen und ursachenorientierten Armutsbekämpfung muss das Abdriften von immer mehr arbeitslosen und auch erwerbstätigen Menschen in die Einkommensarmut erst einmal gestoppt werden, muss diesem Risiko ein Riegel vorgeschoben werden. Praktisch geht es ganz konkret und jetzt um die Definition des Existenzminimums und um dessen Durchsetzung als Mindestniveau sowohl auf dem Arbeitsmarkt als auch bei den Sozialtransfers.

Es geht um Mindestlöhne, Mindestrenten und sogar ein Mindestarbeitslosengeld als Sofortmaßnahmen im Kampf gegen die wachsende Einkommensarmut, gegen die Spaltung dieser Gesellschaft und gegen den Niedergang unserer sozialen Sicherungssysteme.

Maßnahme 1: Existenzminimum

Die Höhe der Regelsätze in Hartz IV manifestiert derzeit nichts anderes als Einkommensarmut: 382 Euro für einen Single, für Kinder je nach Alter zwischen 224 und 255 Euro und für Jugendliche 289 Euro sind Beträge, mit denen man so gut wie keine Chance hat, über den Monat zu kommen. Gesellschaftliche Teilhabe, deren Ermöglichung das Bundesverfassungsgericht zuletzt mit seinem Regelsatzurteil vom 9. Februar 2010 noch einmal ausdrücklich eingefordert hat, ist mit diesen Beträgen schlechterdings nicht zu gewährleisten. Daran ändert auch das im Frühjahr 2011 für Kinder in Hartz IV beschlossene sogenannte Bildungs- und Teilhabepaket mit seinen monatlichen Zehn-Euro-Gutscheinen für Klavierunterricht oder den Sportverein und seinem Nachhilfeunterricht, den so gut wie keiner bewilligt bekommt, nichts.

Nach Berechnungen des Paritätischen Gesamtverbands ist der Regelsatz auf mindestens 420 Euro im Monat anzuheben, um wenigstens auf bescheidenstem Niveau Teilhabe zu ermöglichen. Sogenannte einmalige Leistungen – vom gebrauchten Kinderfahrrad bis zum Ersatz für den kaputten Kühlschrank – sind gesondert zu übernehmen. Für Kinder und Jugendliche bedarf es sogar eines völlig neuen Systems der Bedarfsberechnung. Die jetzigen Festlegungen haben weder etwas mit der Lebenswirklichkeit noch mit seriöser Empirie und Statistik zu tun. Knapp sieben Euro für Windeln und andere Säuglingspflegeartikel im Monat sind genauso realitätsfern wie 70 Euro im Jahr für das gesamte Schuhwerk eines Jugendlichen im Wachstumsalter.[6] Wir brauchen dringend und schnellstens Regelsatzbemessungen, wie sie auch das Bundesverfassungsgericht einfordert: transparent, sach- und realitätsgerecht sowie nachvollziehbar.[7]

Maßnahme 2: Mindestlöhne

Nach Studien des Instituts »Arbeit und Qualifikation« der Universität Duisburg/Essen arbeiteten 2010 rund 23 Prozent aller abhängig Beschäftigten im Niedriglohnsektor, sprich für einen Stundenlohn von unter 9,15 Euro.[8] Das sind 7,9 Millionen Erwerbstätige – Tendenz steigend. Der tatsächliche durchschnittliche Niedriglohn in diesem Sektor lag bei nur 6,52 Euro im Osten und 6,68 Euro im Westen – Tendenz fallend.[9] 4,1 Millionen Beschäftigte verdienten sogar nur unter sieben Euro die Stunde und 1,4 Millionen unter fünf Euro.

Mit dem von den Gewerkschaften geforderten Mindestlohn von 8,50 Euro könnte rund 6,8 Millionen Beschäftigten geholfen werden. Es ist ein Mindestlohn, der wenigstens alleinlebende Vollbeschäftigte über die Hartz-IV-Schwelle von derzeit 690 Euro heben könnte. Um der weiteren Amerikanisierung des Arbeitsmarktes Einhalt zu gebieten, hat ein flächendeckender gesetzlicher Mindestlohn oberste Priorität.

Maßnahme 3: Mindestarbeitslosengeld

Niedriglöhne halten nicht nur Menschen trotz Arbeit in Einkommensarmut, sie lassen auch unsere sozialen Sicherungssysteme ins Leere laufen. Arbeitslosen- und Rentenversicherung sind, sollen sie vor Armut, vor Hartz IV und Altersgrundsicherung schützen, auf Löhne deutlich außerhalb des Niedriglohnsektors angewiesen. Soll das Arbeitslosengeld I mit seinen 60 Prozent Lohnersatz über der Hartz-IV-Schwelle liegen, braucht es schon bei Alleinlebenden ein monatliches Bruttoerwerbseinkommen von über 1700

Euro. Auch aus diesem Grunde erreichen über 40 Prozent der Leistungsbezieher nicht einmal ein Arbeitslosengeld I von 700 Euro.[10] Fließen keine weiteren Einkommen in den Haushalt ein, bleibt trotz vielleicht langjähriger Beitragsleistungen in die Arbeitslosenversicherung nur Hartz IV.

Hinzu kommt, dass mittlerweile gerade noch 30 Prozent der registrierten Arbeitslosen überhaupt Anspruch auf Arbeitslosengeld I haben. Arbeitslosengeld I bekommt, wer in den letzten zwei Jahren vor der Arbeitslosigkeit mindestens zwölf Monate beschäftigt war und Beiträge eingezahlt hat. Die Bezugsdauer beträgt bis zum 50. Lebensjahr ebenfalls maximal 12 Monate. Beides – Rahmenfrist und Bezugsdauer – wurde im Zuge der Agenda-2010-Gesetzgebung deutlich eingeschränkt. Die große Zahl der Niedrigverdiener fällt damit genauso durch den Rost wie Menschen mit gebrochenen Erwerbsbiographien, die sich auf einem immer härter werdenden Arbeitsmarkt von Job zu Job hangeln. Soll das Arbeitslosengeld I überhaupt noch für eine nennenswerte Zahl von Arbeitslosen sozialen Schutz vor dem Absturz in die Armut bieten, bedarf es daher vordringlich der Verlängerung der Rahmenfrist auf drei Jahre sowie eines garantierten Mindestarbeitslosengeldes oberhalb des Hartz-IV-Niveaus.

Maßnahme 4: Mindestrente

Wenn auch der Anteil älterer Menschen, die auf das Sozialamt angewiesen sind, mit »nur« 2,6 Prozent aktuell sehr moderat ausschaut, darf man sich davon nicht täuschen lassen. Noch haben wir es mit Rentnern zu tun, die in aller Regel auf ein Berufsleben mit recht gutem Einkommen und ungebrochenem Erwerbsverlauf zurückblicken können. Noch liegt das Rentenniveau bei knapp über 50 Prozent des Nettolohns. Ab Mitte der 2020er Jahre werden jedoch zunehmend auch ehemals Langzeitarbeitslose, Mehrfacharbeitslose und vor allem auch Beschäftigte aus dem Niedriglohnsektor in Rente gehen. Das Rentenniveau wird nach den Rentenbeschlüssen unter Rot-Grün bis 2030 aller Voraussicht nach auf 43 Prozent fallen.

Ein Anstieg der Altersgrundsicherungsquote in den zweistelligen Bereich wird unausweichlich sein, wenn nicht jetzt politisch gegengesteuert wird. Arbeitsministerin Ursula von der Leyen selbst schlug Anfang September 2012 Alarm: Nur wer konstant über 2500 Euro im Monat verdient und mindestens 35 Jahre eingezahlt hat, wird im Jahre 2030 überhaupt eine gesetzliche Rente über Grundsicherungsniveau erhalten. 36 Prozent aller Vollzeitbeschäftigten liegen derzeit unter 2500 Euro Bruttomonatseinkommen. Der ohnehin untaugliche Versuch, das Alterssicherungsrisiko über die Riester-Rente zu privatisieren, kann und muss angesichts der Tatsache, dass auch zwölf Jahre nach ihrer Einführung nicht einmal jeder dritte Abschlussberechtigte und nur jeder vierte Geringverdiener über einen aktiven Riester-Vertrag verfügen, als Flop betrachtet werden. Soll dieses Rentensystem also auch in Zukunft noch irgendeinen Sinn behalten und soll die auf uns zurollende Lawine der Altersarmut gestoppt werden, bedarf es nicht nur der Festschreibung des Rentenniveaus auf mindestens dem jetzigen Stand, sondern einer durchgreifenden Reform in Richtung Mindestrente: Wer langjährig vollerwerbstätig war und eingezahlt hat oder wegen Kindererziehung oder der Pflege Angehöriger dies nicht konnte, muss am Ende eine Rente erhalten, die ihn vor dem Gang zum Sozialamt schützt – ohne Wenn und Aber. Ohne »geriestert« haben zu müssen, ohne Bedürftigkeitsprüfung und ohne Heranziehung der Einkommen von Ehepartnern.

Mindestens das Mindeste: armutsfeste Renten, ein armutsfestes Arbeitslosengeld, ein würdiger Mindestlohn. Es hört sich fast zu selbstverständlich an angesichts der beängstigend zunehmenden Armut in diesem Lande, angesichts eines sich vehement ausbreitenden Niedriglohnsektors und einer zunehmenden Erosion von Arbeitslosen- und Rentenversicherung. Und dennoch: Schaffen werden wir es nur, wenn wir den Leistungsgedanken auf dem Arbeitsmarkt wieder ernstnehmen und den Wert von Arbeit wieder würdigen. Und wenn wir umgekehrt das sozial blinde sogenannte Leistungsprinzip, das unsere Arbeitslosen- und Rentenversicherung prägt und wonach der, der mehr eingezahlt hat, auf jeden Fall auch immer mehr herausbekommen muss, wenigstens ansatzweise überwinden. Wenigstens für die Ärmsten, für die, die schon während ihrer Erwerbsphase mit Niedriglöhnen um ihr gerechtes Entgelt geprellt wurden. Wenigstens für diese sollten wir statt Mathematik mal Barmherzigkeit walten lassen.

Christoph Butterwegge

Alternativen zur Altersarmut

Altersarmut droht keineswegs erst im fernen Jahr 2030, wie Ursula von der Leyen mit ihrer »Renten-Schock-Tabelle« suggeriert hat. Sie existiert vielmehr längst und droht, schon bald ein Massenphänomen zu werden. Seit am 1. Januar 2003 die Grundsicherung im Alter und bei Erwerbsminderung eingeführt wurde, hat sich die Zahl der älteren Menschen, die auf sie angewiesen sind, um rund zwei Drittel erhöht. Am 31. Dezember 2011 waren es bereits über 436 000 Ältere, die Leistungen auf dem Hartz-IV-Niveau (durchschnittlich 707 Euro pro Monat) erhielten, ohne dadurch vor Armut geschützt zu sein.

Es ist jedoch ein offenes Geheimnis, dass sich besonders ältere Menschen damit schwertun, diese Transferleistung – früher hieß sie Fürsorge beziehungsweise Sozialhilfe – zu beantragen, weil sie zu stolz sind, weil sie sich schämen, weil sie den bürokratischen Aufwand scheuen oder weil sie irrtümlich einen Unterhaltsrückgriff auf ihre Kinder beziehungsweise Enkel fürchten. Geht man davon aus, dass die sogenannte Dunkelziffer hoch ist, liegt die Zahl derjenigen Menschen, die im Alter auf Hartz-IV-Niveau leben, inzwischen deutlich über einer Million. Die Einkünfte von mehr als zwei Millionen Senior(inn)en fallen unter die »Armutsrisikoschwelle« der Europäischen Union (952 Euro). Kein Wunder, dass es immer mehr Ruheständler/innen gibt, die einen Minijob haben, darunter übrigens fast 120 000 Personen, die 75 Jahre oder älter sind!

Stabilisierung der Alterssicherung durch Stärkung der gesetzlichen Rente

Um überzeugende Alternativen entwickeln zu können, bedarf es der Analyse gesellschaftlicher Entwicklungsprozesse und politischer Entscheidungen, die für das häufigere Auftreten der Armut im Alter verantwortlich sind. Nur wenn Klarheit darüber herrscht, warum es in einer so wohlhabenden Gesellschaft wie der unsrigen zur Verarmung älterer Menschen kommt, kann Einigkeit darüber hergestellt werden, wie man ihr am wirksamsten begegnen kann. Gleichzeitig gilt es, falsche Behauptungen, etwa den Einfluss demographischer Entwicklungsprozesse betreffend, zu widerlegen und die Interessen aufzudecken, die hinter den propagierten Irrwegen aus der Altersarmut stecken.

Armut im Alter hat zwei Hauptursachen: zum einen die Deformation des Sozialstaates im Allgemeinen sowie zum anderen die Demontage der gesetzlichen Rentenversicherung und die Deregulierung des Arbeitsmarktes im Besonderen. Genannt seien in diesem Zusammenhang bloß die Lockerung des Kündigungsschutzes, die Einführung von Mini- beziehungsweise Midijobs, die Abschaffung der Arbeitslosenhilfe sowie die Liberalisierung der Leiharbeit. Da die hiesige Altersarmut nur multikausal erklärbar ist, müssen Gegenstrategien an mehreren Stellschrauben ansetzen. Um die beiden Hauptübel (Destabilisierung des Rentenniveaus und Deregulierung des Arbeitsmarktes) zu beseitigen, müssen die sogenannten Dämpfungsfaktoren (»Riester-Treppe«, »Nachhaltigkeitsfaktor« und »Nachholfaktor«)[1] aus der Rentenanpassungsformel entfernt, die Anhebung der Regelaltersgrenze gestoppt, ein allgemeiner, existenzsichernder Mindestlohn gesetzlich fixiert, der Prekarisierung von Beschäftigungsverhältnissen entgegengewirkt und die

(Teil-)Privatisierung der Altersvorsorge rückgängig gemacht werden.

Soll die bestehende Altersarmut verringert und das Entstehen weiterer verhindert werden, ist ein neuerlicher Paradigmenwechsel nötig. Die in Zukunft eher wachsende Altersarmut muss mit einer Rückbesinnung auf das Sozialstaatsgebot im Grundgesetz beantwortet werden. Dazu gehören eine Rekonstruktion des Normalarbeitsverhältnisses (nicht nur für Männer) sowie eine Rückabwicklung der mit den Namen von Walter Riester und Bert Rürup verbundenen Rentenreformen. Zu rehabilitieren ist die Lohnersatzfunktion der gesetzlichen Rente, also das Lebensstandardsicherungsprinzip. Außerdem muss das gesetzliche Renteneintrittsalter bei 65 Jahren bleiben und die Bundesagentur für Arbeit verpflichtet werden, für Hartz-IV-Bezieher/innen wieder ausreichend hohe Beiträge in die Rentenkasse einzuzahlen.

Da die Deregulierung des Arbeitsmarktes sowie die Flexibilisierung und Prekarisierung eines Großteils der Beschäftigungsverhältnisse meistens Jahrzehnte später in die Altersarmut von Millionen Menschen münden, sind auch die sogenannten Hartz-Gesetze weiterhin zu problematisieren. Ähnliches gilt für die Rentenreformen seit 1989 beziehungsweise 1992, mit denen das Alterssicherungsniveau sank und die Armutsgefährdung von Senior(inn)en wieder stieg. Schließlich verliert ein Wirtschafts-, Beschäftigungs- und Alterssicherungssystem, welches nicht verhindert, dass Menschen selbst nach jahrzehntelanger Vollerwerbstätigkeit einen Ruhestand in Armut erleben, nicht bloß an Zustimmung in der Bevölkerung, sondern auch seine Daseinsberechtigung.

Die längerfristige Perspektive: Ausbau der gesetzlichen Rentenversicherung zu einer solidarischen Bürgerversicherung

Den durch Deregulierungsmaßnahmen ausgelösten Veränderungen am Arbeitsmarkt, die eine Verschlechterung für jene Menschen darstellen, die auf den Verkauf ihrer Arbeitskraft angewiesen sind, um leben zu können, oder sie zu (Solo-)Selbständigen gemacht hat, denen es häufig nicht besser geht, sollte vorrangig durch eine Ausdehnung der Versicherungspflicht Rechnung getragen werden. Da abhängige und selbständige Arbeit, Selbständigkeit und sogenannte Scheinselbständigkeit fließend ineinander übergehen, bedarf es einer Versicherungspflicht *aller* Erwerbstätigen einschließlich jener Gruppen, die bislang in Sondersystemen beziehungsweise zu besonderen Bedingungen abgesichert werden (Beamte, Landwirte, Handwerker/innen, Künstler/innen und freie Berufe). Wenn man davon ausgeht, dass nur *individualisierte* Versicherungslösungen der gesellschaftlichen Entwicklung und den heutigen Werthaltungen angemessen sind, müssen auch erwachsene Nichterwerbstätige einer Mindestbeitragspflicht unterworfen werden.

Eine solidarische Bürger- beziehungsweise Erwerbstätigenversicherung würde dem Rechnung tragen. *Solidarisch* zu sein meint, dass die Bürgerversicherung zwischen ökonomisch unterschiedlich Leistungsfähigen einen sozialen Ausgleich herstellen muss. Nicht nur auf Löhne und Gehälter, sondern auf sämtliche Einkunftsarten – also auch Einkünfte aus Kapitalvermögen, Vermietung und Verpachtung, Dividenden, Veräußerungsgewinne und Zinsen sowie Miet- und Pachterlöse – sind Beiträge zu erheben. Entgegen einem verbreiteten Missverständnis bedeutet dies nicht, dass Arbeitgeberbeiträge entfallen. Vielmehr könnten diese als Wertschöpfungsbeitrag (»Maschinensteuer«) erhoben und damit gerechter als bisher auf beschäftigungs- und kapitalintensive Unternehmen verteilt werden. Nach oben darf es weder Beitragsbemessungs- noch Versicherungspflichtgrenzen geben, die es privilegierten Personengruppen erlauben würden, sich ihrer Verantwortung für sozial Benachteiligte zu entziehen und in exklusive Sicherungssysteme auszuweichen. Nach unten muss finanziell aufgefangen werden, wer den nach Einkommenshöhe gestaffelten Beitrag nicht selbst entrichten kann. Nur im Falle fehlender, vorübergehender oder eingeschränkter Zahlungsfähigkeit der Versicherten hätte also der Staat die Aufgabe, Beiträge bedarfsbezogen zu »subventionieren«, das heißt, aus dem allgemeinen Steueraufkommen zuzuschießen. Vorbild dafür könnte die gesetzliche Unfallversicherung sein. Dort dient der Staat gewissermaßen als Ausfallbürge für Vorschulkinder, Schüler/innen und Studierende, die einen Kindergarten, eine allgemeinbildende Schule beziehungsweise eine Hochschule besuchen, sowie für andere Menschen, die ehrenamtlich tätig sind.

*Bürger*versicherung bedeutet, dass Mitglieder aller Berufsgruppen, das heißt nicht nur abhängig Beschäftigte, aufgenommen werden. Da sämtliche Wohnbürger/innen in das System einbezogen wären, blieben weder Selbständige, Freiberufler/innen, Beamte, Abgeordnete und Minister noch Ausländer/innen mit Daueraufenthalt in der Bundesrepublik außen vor. Es geht darum, die Finanzierungsbasis des sozialen Sicherungssystems zu verbreitern, aber auch darum, den Kreis seiner Mitglieder im Sinne der Schaffung eines inklusiven Sozialstaates zu erweitern.

Bürger*versicherung* schließlich bedeutet, dass es sich um eine *Versicherungs*lösung handelt, also gewährleistet sein muss, dass ihre Mitglieder, soweit sie dazu finanziell in der Lage sind, Beiträge entrichten und entsprechend geschützte Ansprüche erwerben. Dies schließt keineswegs aus, dass sich der Staat am Auf- und Ausbau der Versicherung beteiligt. Die geplante Reform würde indes zum Einfallstor für einen Systemwechsel, wenn Steuermittel die Finanzierungsbasis des neuen Sicherungssystems bildeten.

Literatur

Christoph Butterwegge, Gerd Bosbach, Matthias W. Birkwald (Hg.): *Armut im Alter. Probleme und Perspektiven der sozialen Sicherung*, Frankfurt am Main/New York 2012

Christoph Butterwegge: *Krise und Zukunft des Sozialstaates*, 4. Auflage Wiesbaden 2012

Wolfgang Nešković

Für eine Änderung des Grundgesetzes: drei Worte und zwei Absätze

Problem und Ziel

Dieser Gesetzentwurf soll sich anders lesen als die Gesetzentwürfe, die gewöhnlich im Bundestag behandelt werden. Eine kühle und karge Sprache prägt diese Texte. Solche Gesetzentwürfe sollen keine Begeisterung wecken. Ob ihnen zugestimmt wird, ist allein eine Frage der Mathematik. Stammt der Entwurf aus den Händen der Regierungsmehrheit, wird diese Mehrheit ihn als Gesetz beschließen. Hat die Opposition den Gesetzentwurf verfasst, dann wird die Regierungsmehrheit ihn ablehnen. Die Mehrheit schreibt ihre Gesetzentwürfe mit kaltem Verstand. Die Opposition verfasst sie mit einer lahmen Hand.

Schon zu Beginn jeder Legislaturperiode steht völlig fest, wer über die Kälte der Macht verfügt und wer über die Lähmung der Ohnmacht. Die Regierungsmehrheit muss niemanden überzeugen. Der Opposition nützt es nicht, Überzeugungen zu ändern. Das sind die inneren Ursachen für die nüchterne Drucksachensprache des Deutschen Bundestages. Diese Sprache erlaubt es, den Armen die Existenzgrundlage zusammenzustreichen. Diese Sprache schickt Menschen ohne Schuld hinter Gitter. Sie beginnt Kriege, und sie schenkt den Banken das Geld der Bürger. Die Kühle der Sprache ist es, die unanfechtbar macht gegen den Protest des Herzens und den lebendigen Einwand des mitfühlenden Verstandes.

Dieser Gesetzentwurf will anders sein. Er will um Herzen und um Köpfe ringen. Er will nicht nüchtern sein. Er will um Wahrheit und Gerechtigkeit streiten. Er will, dass das Parlament mit einem Diskurs über Wahrheit und Gerechtigkeit beginnt. Sollte dieser Entwurf je zum Gesetz werden, dann fände auch die Nüchternheit der Sprache in den Gesetzentwürfen ihr Ende. Dann müssten zukünftig alle Gesetzentwürfe ebenfalls um die Herzen und die Köpfe der Abgeordneten ringen.

Lösung

Diese mögliche Zukunft für das Land beginnt mit der Streichung von drei Wörtern und zwei Absätzen im Grundgesetz der Bundesrepublik Deutschland, um das Gesetzgebungsverfahren zu ändern.

Hierzu muss der Artikel 76 des Grundgesetzes geändert werden. Diese Vorschrift lautet derzeit:

Artikel 76

(1) Gesetzesvorlagen werden beim Bundestage durch die Bundesregierung, aus der Mitte des Bundestages oder durch den Bundesrat eingebracht.

(2) Vorlagen der Bundesregierung sind zunächst dem Bundesrat zuzuleiten. Der Bundesrat ist berechtigt, innerhalb von sechs Wochen zu diesen Vorlagen Stellung zu nehmen. Verlangt er aus wichtigem Grunde, insbesondere mit Rücksicht auf den Umfang einer Vorlage, eine Fristverlängerung, so beträgt die Frist neun Wochen. Die Bun-

desregierung kann eine Vorlage, die sie bei der Zuleitung an den Bundesrat ausnahmsweise als besonders eilbedürftig bezeichnet hat, nach drei Wochen oder, wenn der Bundesrat ein Verlangen nach Satz 3 geäußert hat, nach sechs Wochen dem Bundestag zuleiten, auch wenn die Stellungnahme des Bundesrates noch nicht bei ihr eingegangen ist; sie hat die Stellungnahme des Bundesrates unverzüglich nach Eingang dem Bundestag nachzureichen. Bei Vorlagen zur Änderung dieses Grundgesetzes und zur Übertragung von Hoheitsrechten nach Artikel 23 oder Artikel 24 beträgt die Frist zur Stellungnahme neun Wochen; Satz 4 findet keine Anwendung.

(3) Vorlagen des Bundesrates sind dem Bundestag durch die Bundesregierung innerhalb von sechs Wochen zuzuleiten. Sie soll hierbei ihre Auffassung darlegen. Verlangt sie aus wichtigem Grunde, insbesondere mit Rücksicht auf den Umfang einer Vorlage, eine Fristverlängerung, so beträgt die Frist neun Wochen. Wenn der Bundesrat eine Vorlage ausnahmsweise als besonders eilbedürftig bezeichnet hat, beträgt die Frist drei Wochen oder, wenn die Bundesregierung ein Verlangen nach Satz 3 geäußert hat, sechs Wochen. Bei Vorlagen zur Änderung dieses Grundgesetzes und zur Übertragung von Hoheitsrechten nach Artikel 23 oder Artikel 24 beträgt die Frist neun Wochen; Satz 4 findet keine Anwendung. Der Bundestag hat über die Vorlagen in angemessener Frist zu beraten und Beschluß zu fassen.

Der Gesetzentwurf zur Änderung dieser Vorschrift hätte – unter Beachtung der hierfür maßgeblichen förmlichen Regeln – folgenden Wortlaut:

Gesetzentwurf

Entwurf eines Gesetzes zur Änderung des Grundgesetzes der Bundesrepublik Deutschland

Artikel 1

Änderung des GG

Das Grundgesetz vom 23. Mai 1949 (letzte Änderung durch Art. 1 ÄndG vom 11. Juli 2012) wird wie folgt geändert:

1. In Artikel 76 Absatz 1 werden die Worte »durch die Bundesregierung« gestrichen.
2. Artikel 76 Absatz 2 wird gestrichen.
3. Artikel 76 Absatz 3 wird gestrichen.

Artikel 2

Inkrafttreten

Dieses Gesetz tritt am Tage nach seiner Verkündung in Kraft.

Begründung

Nach einer weitverbreiteten und in Schulen und an Universitäten gelehrten Theorie ist das Parlament ein Ort des Diskurses. Nach dieser Theorie soll im Streit über die richtige Politik die richtige Politik entstehen. Die Theorie besagt, dass die Vertreter des ganzen Volkes nur ihrem Gewissen zu folgen haben, wenn sie in Rede und Gegenrede die Entscheidungen vertreten, die dieses Volk betreffen sollen. Es ist leicht, diese Theorie zu widerlegen. Es braucht dazu einen Fernseher, eine Bundestagsdebatte und die feste Absicht, die ersten Sendeminuten nicht zu nutzen, um einzuschlafen.

Die Debatten sind langweilig. Die Abstimmungsergebnisse stehen schon vor der Debatte fest. Die Debatte ist kein Ort des Streites, sondern nur ein entbehrliches Forum für die nachträgliche Begründung längst beschlossener Absichten. In den Reden der Parlamentarier wetteifern Floskeln um den Vorrang über Klischees. Die Emotionalität ist hohl und eingeübt. Gedankliche Tiefe kommt als Versehen daher. Die Angriffe auf politische Gegner sind fein oder unfein, aber sie sind stets lange eingeübt. Die Demokratie ist ein Theater, dessen Schauspieler längst die Lust am Spielen verloren haben. Das Stück ist immer das gleiche, und es steht nur noch auf dem Spielplan, weil Medien und Öffentlichkeit ihre Karten am Wahltag gelöst haben. Sie haben die Fiktion einer Demokratie gewählt, und sie wollen die Fiktion aufgeführt sehen.

Das Spiel ist schlecht, weil das Skript nichts taugt. Das Skript erstickt die wichtigste Funktion des Parlamentes: die Gesetzgebung. Das Skript sorgt dafür, dass die Macht der Gesetzgebung nicht bei den Parlamentariern liegt, wo sie hingehört, sondern bei der Regierung, wo sie ursprünglich nur ergänzend und ersatzweise einmal liegen sollte.

Das Skript findet sich in Artikel 76 des Grundgesetzes für die Bundesrepublik Deutschland. Die Verfassungsnorm regelt das Initiativrecht für Gesetzesvorlagen. Die Verfassungseltern mussten im Jahre 1949 eine passende Antwort auf die Frage finden, welche Institutionen das Recht haben sollten, Gesetzesanträge zu stellen in einem Land, das sie als parlamentarische, föderale Demokratie verfasst sehen wollten. Da die Bundesrepublik eine Demokratie sein sollte, musste natürlich das Parlament dieses Recht besitzen. Da die Bundesrepublik gerade keine präsidiale Demokratie sein sollte und eine Regierung sich aus den Reihen des Parlamentes bilden sollte, schien es sinnvoll, auch die Regierung an der Gesetzgebung zu beteiligen.

Zwischen 1949 und dem Jahre 2013 liegen 64 Jahre der Realität. Sie lehren, dass es ein schwerer Fehler war, der Regierung ein solches Initiativrecht zu übertragen. Denn die Regierung hat das ihr hilfsweise übertragene Recht längst in einen demokratiefeindlichen Normalfall verwandelt. Die Ministerien der Regierung entwerfen fast alle Gesetzesinitiativen. Selbst für die überschaubare Zahl der »eigenen« Vorlagen der Regierungsfraktionen im Parlament schreiben die Ministerien die Grundentwürfe und deren laufende Anpassungen. Die Gründe dafür sind einfach. Sie liegen in den materiellen Kräfteverhältnissen zwischen dem Bundestag und der Bundesregierung mit ihren angegliederten Ministerien. In diesen Häusern grübeln und schreiben viele tausend Köpfe von früh bis spät an der zu beschließenden Gesetzlichkeit. Sie produzieren Welten aus Papier.

Es fehlt den Parlamentariern schon die personelle Ausstattung, um den Sinn oder Unsinn dieser Flut an Gesetzesinitiativen überhaupt diskutieren zu können. In den kleinen Büros der Abgeordneten verkämpfen sich drei oder vier Mitarbeiter bei dem hilflosen Unterfangen, den Papiermüll der Ministerien zu bewerten und auf verständliche Entscheidungsvorlagen im DIN-A4-Format zu kürzen, die sie ihren Chefs in die Hand geben. Die wiederum arbeiten in ihren Fraktionen streng nach Aufgabengebieten. Sie sind keine Vertreter des ganzen Volkes. Bestenfalls sind sie halbe Vertreter einer Nischenpolitik. Der Experte für Umwelt sagt der Expertin für Rechtsfragen kurz und knapp, wie sie beim Wassergesetz abstimmen soll. Sie bedankt sich, indem sie ihm die Entscheidungsgründe für die anstehende Novelle des Urheberrechtes hastig skizziert. Meist erfolgen die Beratungen beim eiligen Gehen durch die Flure oder über kalt werdenden Mittagstellern.

Opposition und Regierungsfraktionen unterscheiden sich zudem. Die Überlastung des Deutschen Bundestages durch ministerielle Drucksachen trifft sie unterschiedlich. Ein Abgeordneter der Opposition muss sich immerhin bemühen, einen kritischen Standpunkt zu den Vorlagen der Regierung zu entwickeln. Ein Oppositionsabgeordneter liest daher, so viel er kann. Die Rolle eines Abgeordneten der Regierungsfraktion beschränkt sich darauf, die ministeriellen Vorlagen seiner Partei- und Koalitionskollegen zu beschließen. Der Umfang seiner Lesearbeit orientiert sich am Lustprinzip. Im Zweifel aber hat keiner unter den Abgeordneten die Zeit, das zu lesen, was er lesen müsste, um im Plenum des Bundestages mit gutem Gewissen die Hand für oder gegen eine Vorlage zu heben. Also ersetzt die Mathematik die Meinungsbildung. Die mit kaltem Hirn oder lahmer Hand geschriebenen Vorlagen werden streng mathematisch behandelt. Es gilt ein Prinzip, das so einfach ist, dass auch dressierte Meerschweinchen ihm gerecht werden würden: Abgeordnete der Regierungsfraktionen nehmen Regierungsvorlagen an; Oppositionsabgeordnete lehnen sie ab. Oder umgekehrt. Jede Debatte zwischen beiden Lagern muss so ein spannungsarmes Theaterspiel bleiben.

Wir benötigen eine Verfassungsänderung, die dieses Theater beendet. Die geschilderte Streichung von drei Wörtern und zwei Absätzen erfüllt diesen Zweck. Der Regierung wäre fortan die Mit- und Zuarbeit am Gesetzgebungsprozess unmittelbar oder über ihre Fraktionen untersagt. Das deutsche Parlament wäre nun gezwungen, seine Gesetzgebung aus eigener Ideenfindung und eigener Facharbeit zu entwickeln. Es wären ihm und seinen einzelnen Abgeordneten die personellen und sachlichen Mittel an die Hand zu geben, um diese Aufgabe aus eigener Kraft und Verantwortung zu leisten. Das erhöhte Anforderungsprofil der parlamentarischen Arbeit würde mittelfristig Fachpolitiker fördern und politische Schwätzer schwächen. Der Grad der Informiertheit der Abgeordneten würde steigen. Der Diskurs würde Realität werden. Die Abgeordneten müssten nun mit Herz und Hirn darüber debattieren, welche Gesetze sie der Regierung übergeben, damit sie diese ausführt, ohne sie ändern zu können. Zwischen dem eigenverantwortlich diskutierenden Parlament und der Regierung entstände eine heilsame Distanz.

Die Einbindung der Abgeordneten in ihre Fraktionen würde tendenziell weniger wichtig werden. Ihre individuelle Meinungsbildung würde an Bedeutung gewinnen und auch über die Fraktionsgrenzen hinweg zu Bündnissen und Arbeitsgruppen führen. Sehr viel mehr Gesetzgebungsvorhaben würden tendenziell zu »Gewissensentscheidungen«, in denen persönlich um die »richtige« Position gerungen wird. Das gemeine Wohl fände stärkere Beachtung, Partikularinteressen träten zurück. Die Forderung des Grundgesetzes, wonach der Abgeordnete frei von Aufträgen und Weisungen handelt, könnte so Realität werden.

Stefan Reinecke

Neue Regeln für Lobbyisten

Deutschland befindet sich, was Korruption und Lobbyismus angeht, im Stadium der Selbsttäuschung. Es herrscht eine hartnäckige Scheu zu erkennen, wie es steht. Dass wir in internationalen Vergleichen betreffs Korruptionsbekämpfung und Transparenz bei Lobbyismus regelmäßig eher bei Rumänien als bei Finnland eingeordnet werden, wird mit Achselzucken zur Kenntnis genommen. Bei der Bildungspolitik – siehe Pisa-Studie – sorgen solche Nachrichten für nationales Hyperventilieren, bei alarmierenden Befunden in bezug auf Lobbyismus sind die politische Klasse und die Öffentlichkeit erstaunlich schwerhörig. Dass es da irgendwie ein Problem gibt, wird nicht mehr rundheraus geleugnet, dafür umso effektiver zum Einzelfall verkleinert, verniedlicht, als Randphänomen betrachtet. So weigern sich die Parlamentarier seit 2003 halsstarrig, die Antikorruptionskonvention der Vereinten Nationen zu unterzeichnen. Geltende Rechtspraxis ist hierzulande, dass zum Beispiel Bundestagsabgeordnete, die über Autobahnbau entscheiden, sich ganz legal von Unternehmen ein Auto schenken lassen können. Dass solche Abgeordnetenbestechung fortan strafbar wäre, erscheint der Mehrheit der Bundestagsabgeordneten als unzumutbare Einschränkung ihres Jobs.

160 Staaten haben die UN-Konvention unterschrieben – Deutschland weigert sich, blamablerweise in einer Reihe mit Sudan, Saudi-Arabien, Nordkorea und Syrien. Im Herbst 2012 sahen sich mehr als 30 DAX-Konzernvorstände genö-

tigt, wegen der Rufschädigung für deutsche Unternehmen im Ausland an die schwarze-gelbe Koalition zu appellieren, diese Peinlichkeit zu beenden. Bis Anfang 2013 ohne Erfolg. Nur wenigen fiel die Ironie auf, dass auch Siemens und Daimler dies fordern, obwohl sie selbst wegen großformatiger Korruptionsfälle auf der Anklagebank sitzen.

Die Anti-Korruptionsorganisation der EU, Greco (Groupe d'états contre la corruption), hat 2011 und 2012 Deutschland gerügt, unter anderem weil die Praxis der Parteispenden internationalen Standards nicht genügt. 2011 bescheinigte Greco der Bundesregierung nur »vier von 20 Empfehlungen zufriedenstellend umgesetzt« zu haben. 2012 stellte Greco fest, dass nur sechs Empfehlungen teilweise umgesetzt wurden, zehn überhaupt nicht. In Deutschland, so das leicht resignierte Resümee von Greco im Herbst 2012, begreife man offenbar noch immer nicht, dass es ein Problem gibt.

Warum ist das so? Offenbar passt das Thema nicht zur Selbstwahrnehmung der Republik. In der Bundesrepublik ist die Wahlbeteiligung noch immer ordentlich. Es gibt keine Rechtsextremen im Parlament, und auf eine Figur wie Berlusconi, die Verkörperung postdemokratischer Verfilzung von Macht und Geld, schaut man hierzulande mit Spott. Mag sein, dass die politische Klasse so wenig Antennen für das Thema Lobbyismus-Kontrolle hat, weil sie dort ein Feld vermutet, auf dem populistische Vorurteile gegen sie gedeihen.

Doch das ist kurzschlüssig. Den Verdacht, käuflich zu sein, der sich wie Rost in das Gerüst der Demokratie frisst, bekämpft man nicht durch Leugnung. Das Selbstbild Deutschlands als demokratischer Musterschüler scheint eine äußerst solide Imprägnierung gegen schlechte Nachrichten zu sein. Die hochmütige Selbstgewissheit, dass ungebremster Lobbyismus und Korruption als ernsthafte Bedrohung der Demokratie nur jenseits der deutschen Grenzen existieren, ähnelt einer Wahrnehmungstäuschung. Ist die Weigerung, das Naheliegende zu erkennen, schon Anzeichen einer Abhängigkeit von den Geld- und Aufmerksamkeitsströmen, mit denen die Lobbyisten die Politik versorgen? Verhält sich die politische Klasse wie ein Süchtiger, der alles tut, seine Sucht zu verbergen, auch vor sich selbst?

Die Medien spielen bei der Aufklärung dieser Abhängigkeiten eine zwiespältige Rolle. Mal sind sie Teil, mal Lösung des Problems.

Dass Bundestagsabgeordnete nun recht genau veröffentlichen müssen, wo sie wie viel Geld nebenher verdienen, verdankt sich dem für den Kampf gegen Lobbyismus günstigen Umstand, dass Peer Steinbrück SPD-Kanzlerkandidat wurde und seine besonders reichhaltigen Nebeneinkünfte darlegen musste. Weil CDU/CSU und FDP dies lauthals verlangt hatten, gerieten auch sie unter Druck, ihren Widerstand gegen eine detailliert in zehn Stufen aufgeschlüsselte Offenlegung der Nebeneinkünfte aufzugeben. Ohne Schlagzeilen über Steinbrück gäbe es diesen Fortschritt in Richtung mehr Transparenz nicht.

Dies zeigt: Normalerweise überschreiten die Nachrichten über Lobbyismus nicht die Schwelle zum Skandal. Oft sind die Themen komplex und bleiben im medialen Filter – jedes Problem muss über eine Person erzählbar sein – hängen. Andererseits ist Öffentlichkeit oft das einzig wirksame Gegengift, das lobbyistische Einflüsterungen stoppt. Die CDU in Nordrhein-Westfalen verkaufte bei Parteitagen Termine mit dem damaligen Ministerpräsidenten Jürgen Rüttgers an interessierte Firmen. Es ist üblich, dass Unternehmen oft völlig überteuerte Stände auf Parteitagen mieten – de facto ist dies eine halblegale Parteispende unter Umgehung des Parteispendengesetzes. Die peinliche »Rent a Rüttgers«-Affäre wurde publik und hatte wohl auch Anteil an Rüttgers' Wahlniederlage. Seitdem fließen die Gelder von Firmen für Stände auf Parteitagen weit zäher.

Lobbyismus ist kein neues Phänomen. Es ist ein Kennzeichen von Demokratien. Schon in der römischen Republik betrieben Patrone für ihre Klienten eine Art Lobbyismus. Die moderne Form prägte sich in den angelsächsischen Stammländern der Demokratie aus. Ulysses Grant, 18. Präsident der USA, pflegte im Willard-Hotel, das zwischen Weißem Haus und Capitol liegt, seine Zigarren zu rauchen. Im Vorraum des Hotels antichambrierten Interessenvertreter, was Grant zu dem legendären Fluch »those damn lobbyists« veranlasste.

Was ist zu tun? Fakt ist, dass der Lobbyismus mächtiger geworden ist. In den 1970er Jahren gab es in Bonn etwa 600 Lobbyisten – derzeit sind es in Berlin rund 5 000. Auf jeden Abgeordneten kommen somit knapp zehn Lobbyisten. Es gibt ein paar einfache Schritte, mit denen die Politik sich gegen die Gefahr lobbyistischer Einflüsterung und allzu großer Nähe zu Interessenvertretern wappnen kann.

Erstens: Auszeit für Expolitiker

Man muss die Drehtür zwischen Politik und Wirtschaft verriegeln – zumindest für eine Karenzzeit von drei Jahren. Gerade für rot-grüne Regierungsmitglieder gab es spektakuläre, lukrative Anschlussverwendungen. Kanzler Gerhard Schröder steht im Ruch, aus seinem Amt und den dort gewonnenen Kontakten Geld gemacht zu haben, ja sogar als Kanzler protegiert zu haben, was danach Job wurde. Schröder arbeitet für die deutsch-russische Nord Stream AG, die mit einer Ostsee-Gaspipeline Geld verdient und mit einem Aktienanteil von 51 Prozent zu Gazprom gehört. Als Kanzler hatte er genau dieses milliardenschwere Pipeline-Geschäft vorangetrieben. Ähnlich unerfreuliche Vermengungen von Amt und Monetärem finden sich bei Otto Schily und Wolfgang Clement.

Ein Virtuose der Vermischung von Geschäft und Politik ist der Jurist Gerald Hennenhöfer. Von 1994 bis 1998 hatte er das äußerst verantwortungsvolle Amt des Leiters der Abteilung Reaktorsicherheit im Umweltministerium inne. Danach wechselte er forsch die Seite und arbeitete für den Atomkonzern Viag (heute Eon), den er zuvor zu kontrollieren hatte. 2009 folgte die Rolle rückwärts. Der Exatomlobbyist ist seitdem wieder Leiter der Abteilung Reaktorsicherheit im Bundesumweltministerium.

Es gibt Dutzende von fragwürdigen Seitenwechseln von Expolitikern, bei denen sich der Verdacht aufdrängt, dass Unternehmen weniger die vor deren Abgeordnetentätigkeit im Bundestag erworbene professionelle Kompetenz einkaufen als vielmehr das in Ämtern oder Ausschüssen erworbene Insiderwissen. Gewiss haben Politiker, die in Demokratien stets mit unsicheren Jobperspektiven rechnen müssen, ein legitimes Interesse, nach Wahlniederlagen wieder ihren erlernten Beruf auszuüben und nicht im sozialen Nichts zu landen. Dies liegt auch im Interesse des Gemeinwohls, weil eine negative soziale Selektion Richtung öffentlicher Dienst bei Bundestagsabgeordneten ungünstig ist. Eine faire Lösung ist eine unabhängige Kommission, die Jobangebote prüft, wenn Politiker innerhalb von drei Jahren in Branchen anheuern, mit denen sie zuvor als Volksvertreter zu tun hatten.

Zweitens: Keine Lobbyisten in Ministerien

Ein besonders trübes Erbe des nassforschen rot-grünen Regierens, bei dem demokratische Selbstverständlichkeiten als lästiger Ballast entsorgt wurden, ist das Programm Seitenwechsel, das vor allem von Otto Schily forciert wurde. Um Beamte mit dem wirklichen Leben zu konfrontieren, wurden unter Rot-Grün Vertreter von Konzernen in Ministerien eingeschleust. Dort schrieben sie teilweise an Gesetzen mit, die ihre Arbeitgeber betrafen – und sie standen während dieser Zeit noch auf deren Payroll.

Das TV-Magazin Monitor deckte diese Verfilzung 2006 verdienstvollerweise auf. Von Lobbyismus im buchstäblichen Sinne konnte bei dieser Art von Eroberung des Gemeinwohls durch Pressure-Groups keine Rede mehr sein: Die Interessenvertreter waren vom Vorraum in die Machtzentrale selbst eingedrungen.

Die Bundesregierung wiegelte 2007 noch ab: Die Interessensvertreter von Konzernen, Banken, Verbänden seien nie an Gesetzen oder Entscheidungen beteiligt gewesen – was nicht stimmte. Seit 2008 dürfen externe Mitarbeiter keine Schlüsselrollen mehr bekleiden. Das gilt allerdings nicht für zeitlich befristete Einsätze. Will sagen: Es ist nach wie vor legal, dass Lobbyisten an Gesetzen mitarbeiten und danach zu ihren Unternehmen zurückkehren.

Das Programm Seitenwechsel, eine Art institutionalisierte Einflussnahme, ist zwar wegen des öffentlichen Drucks zurückgefahren worden und hat auch für die beteiligten Firmen wegen der negative Presse an Attraktivität verloren. Doch was nach wie vor fehlt, ist ein eindeutiges gesetzliches Verbot der Mitarbeit von Vertreten von Interessengruppen in Ministerien.

Drittens: Transparenz bei Lobbygruppen

Interessen zu vertreten ist in einer Demokratie nichts Ehrenrühriges: Es ist vielmehr ein Fenster, durch das Politik Gesellschaft wahrnehmen kann. Allerdings ist, gerade wenn wirtschaftliche Macht im Spiel ist, Fairness geboten, damit gut organisierte, kapitalstarke Verbände und Firmen nicht zu sehr im Vorteil sind. Zum Fair Play in dem Spiel gehört als allererste Voraussetzung, dass für alle sichtbar ist, wer welche Interessen vertritt, und Camouflage von Einzelinteressen als Gemeinwohl möglichst ausgeschlossen ist. Dass es ein PR-Vorteil ist, nicht als schnöder Interessenverband aufzutreten, sondern sich lieber als Betroffenenorganisation zu tarnen, zeigte exemplarisch das Aktionsbündnis »Meine Wahl«, das sich als Basisinitiative von Kranken ausgibt, faktisch aber von Firmen ins Leben gerufen wurde, die Medizintechnologie verkaufen und weiterhin Rollatoren zu teuren Preisen unter die Leute bringen wollen.

Deshalb ist ein umfassendes, verbindliches, strafbewehrtes Lobbyregister überfällig. Jeder Bürger muss dort die Möglichkeit haben zu erkennen, welcher Lobbyist in Berlin im Dienst welcher Interessen unterwegs ist. Freiwillige Lobbyregister haben sich fast überall als nutzlos erwiesen. Ein Beispiel könnte sich Deutschland an Österreich nehmen, wo seit 2011 alle Pressure-Groups, wenn auch in verschiedenem Umfang, auskunftspflichtig sind. Gegen ein Lobbyregister, das konkret und detailliert Mitarbeiter, Geldmittel und Arbeitsschwerpunkte erfasst, spricht nichts – außer dem Wunsch von Lobbiysten, weiterhin klandestin und ohne von öffentlicher Aufmerksamkeit behelligt zu werden, Interessen durchzusetzen.

Viertens: Parteispenden von Unternehmen verbieten

Die Zeiten, als die Mitglieder zu Hunderttausenden in die Parteien strömten, sind lange vorbei. Parteien brauchen viel Geld, wenn sie die neuen digitalen Öffentlichkeiten bespielen wollen, ohne die Ortsvereine veröden zu lassen. Zum Glück gibt es – neben dem Staat – Großspender. Die CSU erhält regelmäßig mehrere Hunderttausend Euro im Jahr vom Verband der Bayerischen Metall- und Elektroindustrie. Auch CDU, FDP, SPD und Grüne werden von Konzernen meist großzügig bedacht. Wer einer Partei mehr als 50 000 Euro schenkt, muss dies kundtun.

Die Frage ist, ob diese Spenden stets uneigennützig fließen oder ob nicht doch mitunter freundliche Gegenleistungen erbracht werden, damit auch fortan die leere Kasse der Partei gefüllt wird. Diesen Verdacht legte die Mövenpick-Affäre nahe, als ausgerechnet ein Unternehmen der Hotelbranche der FDP hilfreich mit Euros zur Seite stand, die wiederum umgehend erfolgreich eine Senkung der Mehrwertsteuer für Hoteliers auf den Weg brachte. Der politische Schaden für die FDP war höher als der materielle Gewinn. Die Großspenden an Parteien sind derzeit leicht rückläufig.

Doch klug wäre es, Spenden von Konzernen und Unternehmen, deren Gewinne oft von steuerlichen Rahmensetzungen abhängen, schlicht zu verbieten.

Diese vier Forderungen sind leicht umsetzbar. Der Bundestag kann sie beschließen, wenn er will. Es müssen keine negativen Reaktionen empfindsamer Märkte befürchtet werden. Die Politik könnte autonom und selbstbewusst ihre eigenen Angelegenheiten in vorbildhafter Weise regeln.

Gewiss würde dies den oft beschworenen Mangel an Glaubwürdigkeit der Politik ein wenig beheben helfen.

Würden diese vier Forderungen durchgesetzt, wären keineswegs alle Probleme gelöst. Diese vier Punkte sind kein Allwetterschutz gegen illegitime Beeinflussungen. Es sind vielmehr Leitplanken, die an besonders verkehrsreichen Stellen Unfälle verhindern helfen.

Was bleibt, ist der Mangel an Waffengleichheit, unter dem kleine Interessenvertreter leiden und der große Pressure-Groups bevorzugt. Und auch ein Fall wie der von Heribert Zitzelsberger wäre jederzeit wieder möglich, wenn diese vier Gesetze längst gelten. Der war bis 1999 langjähriger Chef der Steuerabteilung des Chemieriesen Bayer AG, dann wechselte er als Staatssekretär ins Finanzministerium und forcierte eine großformatige Steuerschenkung an Unternehmen, etwa die Senkung der Körperschaftsteuer und die Steuerbefreiung für Kapitalgesellschaften beim Verkauf von Beteiligungen von Großunternehmen. Auch dies ein Ruhmesblatt rot-grünen Regierungshandelns.

Lobbyismus ist nicht mit einem Handstreich ein für alle Mal zu reglementieren. Es ist eher ein zäher Kampf in unübersichtlichem Gelände, zwischen der demokratischen Öffentlichkeit und jenen, die zu viel Publizität scheuen.

Doch wenn auf jeder Visitenkarte zu lesen ist, wen der freundliche Herr, der dieses opulente Abendessen ausrichtet, eigentlich vertritt, wäre etwas gewonnen. Es geht darum, Regeln zu schaffen, die im besten Falle wiederum das Bewusstsein für die unterschwelligen Wirkungen des Lobbyismus schärfen.

Hanjo Seißler

Religion ist Privatsache!

Es waren und sind vor allem Christdenunzianten, die mit dem Zeigefinger auf andere deuteten und deuten und sie bezichtigten und bezichtigen, »Feinde der FDGO (»Freiheitlich Demokratischen Grundordnung«) der zweiten Republik auf deutschem Boden zu sein. Die haben verdrängt, was ihnen Gustav Heinemann – von 1969 bis 1974 Bundespräsident der Bundesrepublik Deutschland – ins Stammbuch geschrieben hat: »Wer mit dem Zeigefinger auf andere weist, vergisst, dass er mit drei Fingern auf sich selbst zeigt!« Ihnen ist nicht allein Heinemanns Hinweis abhandengekommen. Sie haben das Asylrecht ausgehebelt, das Postgeheimnis durchlöchert, die Unverletzlichkeit der Wohnung zertrümmert und und und.

Vor allem jedoch haben sie vergessen, dass es im »Grundgesetz für die Bundesrepublik Deutschland« vom 23. Mai 1949 in Artikel 140 (Staat und Kirche) heißt: *»Die Bestimmungen der Artikel 136, 137, 138, 139 und 141 der deutschen Verfassung vom 11. August 1919 sind Bestandteil dieses Grundgesetzes.«*

Wer sich heutzutage der Verfassung ausführlich widmet, merkt sehr schnell, dass die Kirchen – in Sonderheit allerdings die große marianische Sekte mit Zentrum im Vatikanstaat (ein Gebilde, das sich nur durch das entsprechende Wohlwollen des Faschisten Benito Mussolini hat bilden können) – Rechte für sich in Anspruch nehmen, die die Artikel aus der Zeit der Weimarer Republik nicht hergeben. Dass die Betriebswirte der Religiösen das konnten und können, das schwant jedem, der die Präambel zum deutschen Grundgesetz liest. Einerlei, ob die in der Fassung von 1949 oder die aus dem Jahre 1990.

Denn dort heißt es unter anderem: *»(1) Im Bewußtsein seiner Verantwortung vor* Gott *(Hervorhebung durch den Autor) und den Menschen, von dem Willen beseelt, als gleichberechtigtes Glied in einem vereinten Europa dem Frieden der Welt zu dienen, hat sich das Deutsche Volk kraft seiner verfassungsgebenden Gewalt dieses Grundgesetz gegeben.«*

Was hat der Begriff »Gott« in der Verfassung eines weltlichen Staates mit einer ständig wachsenden Zahl an Atheisten und Kirchenfreien – knapp 30 Millionen sollen es zur Zeit sein – zu suchen? Religion ist Privatsache! Alles andere ist ein Rückfall ins Mittelalter oder bedeutet den Übertritt zu einer islamistischen Staatsauffassung.

Die Autoren der »Weimarer Verfassung« haben aus gutem Grund die Artikel 136, 137, 138, 139 und 141 verfasst, die im Jahr 1949 im Artikel 140 des heute geltenden Grundgesetzes zusammengefasst worden sind.

So ist in Artikel 136 zu lesen: *»(1) Die bürgerlichen und staatsbürgerlichen Rechte und Pflichten werden durch die Ausübung der Religionsfreiheit weder bedingt noch beschränkt. (2) Der Genuss bürgerlicher und staatsbürgerlicher Rechte sowie die Zulassung zu öffentlichen Ämtern sind unabhängig von dem religiösen Bekenntnis.«*

Gerade in jüngster Zeit hat besonders das Verhalten der katholischen Kirche und das einiger evangelischer Glaubensgemeinschaften, wenn es um Arbeitsverhältnisse in Einrichtungen ging, die entweder völlig oder fast zur Gänze vom Staat finanziert werden – etwa Krankenhäuser, Kindergärten, Schulen und dergleichen –, vorgeführt, dass sie ihre oft engstirnigen oder engherzigen – ganz und gar nicht christlichen – Maßstäbe anlegen. Sie stellten Menschen, die von ihren Glaubensregeln abweichen oder ihren Glauben nicht teilen, entweder nicht ein oder haben ihnen gekündigt.

»(3) Niemand ist verpflichtet, seine religiöse Überzeugung zu offenbaren. Die Behörden haben nur so weit das Recht, nach der Zugehörigkeit zu einer Religionsgesellschaft zu fragen, als davon Rechte und Pflichten abhängen oder eine gesetzlich angeordnete statistische Erhebung dies erfordert.«

Die Finanzämter, die gegen Entgelt die Mitgliedsbeiträge für die Kirchen eintreiben, verstoßen mit dem Eintrag der Religionszugehörigkeit in die Steuerkarten eindeutig gegen diesen Absatz des Artikels 140 Grundgesetz beziehungsweise Artikel 136 der Weimarer Verfassung.

»(4) Niemand darf zu einer kirchlichen Handlung oder Feierlichkeit oder zur Teilnahme an religiösen Übungen oder zur Benutzung einer religiösen Eidesform gezwungen werden.«

Dazu könnte der einstige langjährige Präses der Synode der Evangelischen Kirche (EKD), Jürgen Schmude (SPD), ein garstig Lied singen. Der wurde von den CDU- und CSU-Mitgliedern des Deutschen Bundestages aufs Wüsteste beschimpft und herabgesetzt, als er sich bei seiner Einführung in das Amt eines Bundesministers, seinem evangelischen Glauben gemäß, weigerte, die religiöse Eidesformel zu sprechen.

Artikel 137

»(1) Es besteht keine Staatskirche.«

Ja doch. Nur – wie ist es dann möglich, dass zwei Parteien in Deutschland sich Christlich Demokratische Union (CDU) und Christlich Soziale Union (CSU) nennen und damit verbinden, alle Deutschen immer wieder mit ihrer – allem jesuanisch fremden – Messlatte messen zu dürfen? Oder Menschen öffentlich geringzuachten, die ihre Weltanschauung nicht teilen? Und wieso hängen in bayerischen Schulen, Gerichten und anderen öffentlichen Gebäuden Kruzifixe? Kruzifix!

»(2) Die Freiheit der Vereinigung zu Religionsgesellschaften wird gewährleistet. Der Zusammenschluss von Religionsgesellschaften innerhalb des Reichsgebiets unterliegt keinen Beschränkungen.«

Das wollen wir doch hoffen. Nur – in Bayern zum Beispiel genießen christliche Hassprediger und Volksverdummer, die öffentlich gegen den Bau von Moscheen in diesem Bundesland hetzen, sogar Polizeischutz.

»(3) Jede Religionsgesellschaft ordnet und verwaltet ihre Angelegenheiten selbständig innerhalb der Schranken des für alle geltenden Gesetzes. Sie verleiht ihre Ämter ohne Mitwirkung des Staates oder der bürgerlichen Gemeinde.«

Das wird, wenn es sich um die Arbeitsbedingungen und die Entlohnungen »weltlicher« Mitarbeiterinnen und Mitarbeiter (nicht etwa Priester oder Ordensleute) an staatlich finanzierten Einrichtungen handelt, zum Skandal. Es darf und kann nicht sein, dass Tarife, Arbeitszeiten und sonstige Bedingungen, die für die Beschäftigten von öffentlichen und privaten Arbeitgebern gelten, außer Kraft gesetzt werden für Menschen, die in kirchlichen Betrieben tätig sind.

Die römische Kirche trägt vor, der Europäische Gerichtshof für Menschenrechte (EGMR) habe das Selbstbestimmungsrecht der Kirchen nicht in Frage gestellt. Erfolgreiche Kündigungsschutzklagen entlassener Organisten, Ärzte oder Erzieherinnen seien lediglich Einzelfälle. Sie stellten keinen Freifahrtschein für beliebiges Verhalten der Mitarbeiter dar. Die Tätigkeit des Organisten und Chorleiters sei Teil der Liturgie. Sie habe mithin Verkündigungscharakter. Und – eine stundenweise beschäftigte, konfessionsfreie Putzfrau in einer Kindertagesstätte könne durchaus mit Eltern ins Gespräch kommen. Caritas sei Mission, Verkündigung. Demnach greife das Recht der Kirchen auf Selbstbestimmung. Die Buchhalter evangelischer Kirchen stehen dem in nichts nach. Wenn das nicht blanke Menschenverachtung ist.

»(4) Religionsgesellschaften erwerben die Rechtsfähigkeit nach den allgemeinen Vorschriften des bürgerlichen Rechtes.«

Warum nicht?

»(5) Die Religionsgesellschaften bleiben Körperschaften des öffentlichen Rechtes, soweit sie solche bisher waren. Anderen Religionsgesellschaften sind auf ihren Antrag gleiche Rechte zu gewähren, wenn sie durch ihre Verfassung und die Zahl ihrer Mitglieder die Gewähr der Dauer bieten. Schließen sich mehrere derartige öffentlich-rechtliche Religionsgesellschaften zu einem Verband zusammen, so ist auch dieser Verband eine öffentlich-rechtliche Körperschaft.«

Das zu hören, wird in Deutschland lebende Muslime, Buddhisten und Angehörige anderer, wie auch immer gearteter Religionsgemeinschaften freuen – einer nicht unbeträchtlichen Zahl Berufschristen allerdings weniger bis gar nicht.

»(6) Die Religionsgesellschaften, welche Körperschaften des öffentlichen Rechtes sind, sind berechtigt, auf Grund der bürgerlichen Steuerlisten nach Maßgabe der landesrechtlichen Bestimmungen Steuern zu erheben.«

Die Mitgliedsbeiträge werden fälschlich als Steuern bezeichnet. Sie sind keine. Wer keine Steuern an den Staat abführt, wandert unter Umständen ins Gefängnis. Oder muss auswandern. Wer dagegen nicht bereit ist, seine Mitgliedsbeiträge an religiöse Gemeinschaften zu entrichten, muss seinen Verein verlassen oder wird ausgeschlossen. Allerdings kann der Verein – hier die katholische Kirche oder die evangelischen Kirchen – für die Zeit der Mitgliedschaft ausstehende Beiträge einklagen, wie jeder andere Verein auch.

Die Tatsache, dass die Mitgliedsbeiträge Steuern genannt werden, erzeugt den Eindruck, es handele sich um eine unausweichliche Abgabe, die jeder Bürger auf jeden Fall zu erbringen habe. Das riecht ranzig, weil das ein falscher – gewollter? – Eindruck ist.

»(7) Den Religionsgesellschaften werden die Vereinigungen gleichgestellt, die sich die gemeinschaftliche Pflege einer Weltanschauung zur Aufgabe machen. (8) Soweit die Durchführung dieser Bestimmungen eine weitere Regelung erfordert, liegt diese der Landesgesetzgebung ob.«

Den Sinn der Absätze 7 und 8 hat die sogenannte Bayerische Staatsregierung bis heute nicht begriffen. Geschweige denn, danach gehandelt.

Artikel 138

»(1) Die auf Gesetz, Vertrag oder besonderen Rechtstiteln beruhenden Staatsleistungen an die Religionsgesellschaften werden durch die Landesgesetzgebung abgelöst. Die Grundsätze hierfür stellt das Reich auf.«

»(2) Das Eigentum und andere Rechte der Religionsgesellschaften und religiösen Vereine an ihren für Kultus-, Unterrichts- und Wohltätigkeitszwecke bestimmten Anstalten, Stiftungen und sonstigen Vermögen werden gewährleistet.«

Es dürfen aber um Himmels Willen auf keinen Fall neue Privilegien hinzukommen.

Artikel 139

»Der Sonntag und die staatlich anerkannten Feiertage bleiben als Tage der Arbeitsruhe und der seelischen Erhebung gesetzlich geschützt.«

Dagegen spräche nichts, wenn das auch für andere Religionsgemeinschaften gölte.

Artikel 141

»Soweit das Bedürfnis nach Gottesdienst und Seelsorge im Heer, in Krankenhäusern, Strafanstalten oder sonstigen öffentlichen Anstalten besteht, sind die Religionsgesellschaften zur Vornahme religiöser Handlungen zuzulassen, wobei jeder Zwang fernzuhalten ist.«

Nuja.

Die Autoren der Weimarer Verfassung werden es gut gemeint haben, als sie den Religionsgemeinschaften ein eigenes »Kapitel« widmeten. Sie haben dabei allerdings deren Möglichkeiten verkannt, Macht auszuüben, Einfluss zu nehmen und zuzugreifen. Weil das aber so ist, gibt es nur eines: Der Artikel 140 des Grundgesetzes von 1949 muss unbedingt – von neutraler Stelle, ohne dass Talarschwalben und sonstige machtgeile Frömmler dabei mitwirken – mit grobem Kamm und harter Bürste durchgeflöht werden, und die christlichen Kirchen müssen gleichzeitig an ihren armen, obrigkeitsfernen Namensgeber erinnert werden. Dabei müssen sämtliche Vor- und Sonderrechte – wie zum Beispiel Konkordate – fallen.

Claus-Peter Lieckfeld

Wenn die Krume geht, bleiben Krümel

»Pritzelkram ist der Naturschutz, so wie wir ihn haben.
Der Naturverhunzung dagegen kann man eine
geniale Großzügigkeit nicht absprechen.«
Hermann Löns (1911)

Zu Beginn dieses Kapitels etwas, was der Bürger, der ja Kummer gewohnt ist, hier am wenigsten erwartet: einen Lichtblick.

O ja! Er war strahlend hell, der Lichtblick. So hell, dass sich die Naturschützer damals je nach Temperament ungläubig oder verzückt die Augen rieben.

Am 7. November 2007 beschloss das Bundeskabinett ein 180 Seiten starkes Gesetzespaket – »Nationale Strategie zur biologischen Vielfalt« –, das ehrgeizig, umfassend, engagiert, mutig, hochkompetent und fachlich brillant festschrieb, was alles geschehen müsse. Und weitaus wichtiger: was alles geschehen *wird* – kraft Kabinettsbeschluss! –, damit das Artensterben und der Verlust ganzer Ökosysteme erst gebremst, dann gestoppt und schließlich kompensiert werden.

Halleluja! Ich erinnere mich, damals inwendig laut gejubelt zu haben: Sie haben es erkannt, die da oben in Berlin! Sie wollen! Sie werden! Sie tun! Der rechtsverbindliche Beschluss liegt vor: kein schwammiges Geschwurbel mehr, kein unverbindliches Papiergeraschel, sondern eine punktgenau gehämmerte *Wir-werden-Verpflichtung*. Und zwar bis spätestens 2010 oder 2020.

Anno 2007 war das.

Drei Zitate aus dem Kabinettsbeschluss von damals:

1. »Ziel: Bis 2010 ist der Rückgang der heute vorhandenen Vielfalt wildlebender Arten aufgehalten.«
2. »Ziel: Bis zum Jahre 2020 kann sich die Natur auf zwei Prozent der Fläche in Deutschland wieder nach ihren eignen Gesetzmäßigkeiten ungestört entwickeln und Wildnis entstehen.«
3. Im Jahr »2020 beträgt der Flächenanteil der Wälder mit natürlicher Waldentwicklung fünf Prozent der Waldfläche«.

Der Rückgang der Vielfalt wurde nicht aufgehalten, im Gegenteil, er legte noch ein paar Galoppsprünge zu; wesentlich wegen einer Landwirtschaft, die Lebensmittel produzieren will und soll, aber das natürliche Leben rundum abdrängt, plattschlägt und totvergiftet.

Im Jahr 2013 – sieben Jahre vom Zieljahr 2020 mit seiner Zwei-Prozent-Zielmarke entfernt – kann sich gerade mal auf rund einem halben Prozent der Fläche Deutschlands Natur nach ihren Gesetzmäßigkeiten entwickeln.

Das Fünf-Prozent-Naturwald-Ziel hat die Forst- und Holzlobby mit ihrer sogenannten »Kielwassertheorie« – Artenvielfalt, Schutzfunktionen und Erholungsangebote stellen sich als Folge ordentlicher Forstwirtschaft ein – quasi vom grünen Tisch gefegt. An der Kielwasser-Metapher stimmt allenfalls, dass die Schraube alles zerhackt. Jüngstes Beispiel: Im Steigerwald, der als weltkulturerbewürdig gilt (Deutschland wäre zumindest moralisch in der Pflicht, diese Pretiose zu bewahren!), erhöhten die Bayerischen Staatsforste den »Bucheneinschlag« kurz vor Weihnachten 2012 mal eben locker um 50 Prozent.

*

Deutschland ist ein hochindustrialisiertes, relativ dichtbesiedeltes Land, und niemand, der auch nur einen Moment nachdenkt, wird Nationalparks und Wildnisgebiete von *der* Größe erwarten, wie es sie in den Vereinigten Staaten oder in der Mongolei gibt.

Aber zu fordern wäre, dass Nationalparks auch bei uns Nationalparks sind und nicht *de facto* nur Regionalparks. Das sind sie nicht zuletzt deshalb, weil das föderale System der BRD dafür sorgt, dass jedes Bundesland seine eigene Schutzpraxis behauptet, eifersüchtig verteidigt und durchsetzt. Das führte zum Beispiel jüngst dazu, dass die Länder ihre Zustimmung zu einer Evaluierung – also einer bewertenden Überprüfung – aller 14 deutschen Nationalparks davon abhängig machten, dass die Evaluierungsstudie die Leistungen der Parks *nicht* untereinander vergleichen dürfe. Und zur chronischen Minderleistung der Schutzgebiete höchster Stufe gehört auch, dass Areale, in denen strikt »Natur Natur sein darf« (Hans Bibelriether, Exchef des Nationalparks Bayerischer Wald), noch immer zu klein sind. Den IUCN-Standard (International Union for Conservation of Nature) – er fordert, dass auf drei Viertel der Nationalparkfläche die Natur sich *ungestört* entfalten können muss – erreichen in Deutschland bisher nur vier von 14 Nationalparks.

Angesichts des Entwicklungsdrucks, der auf Flächen liegt, angesichts der Schwierigkeit, noch unzersiedelte, nicht zerschnittene Gebiete auszuweisen, hatte in den vergangenen Jahren ein Konzept Konjunktur, das in fachlicher Runde gemeinhin unter dem Namen »Integrationsansatz« rotiert. Die Idee klingt erst einmal einleuchtend. Der eigentliche Natur-, Biotop- und Artenschutz könne in vereinzelten, verinselten Schutzgebieten sowieso nur unzureichend geleistet werden; deshalb müsse er *überall* stattfinden. Sprich: auf Feldern, Wiesen, Äckern und Wäldern. Zumal ja der Artenreichtum

Mitteleuropas ein Geschenk des Ackerbaus war – allerdings einer Landwirtschaft, wie sie nur bis zur Mitte des vergangenen Jahrhunderts existierte.

Danach wurde aus der Grundlage großer Diversität eine schiefe Ebene, aus Vielfalt Einfalt, aus Schützern Schützen. Experten sagen uns, dass der galoppierende Artenschwund, das Pflanzen- und Insektensterben vor allem direkte Folgen der modernen Landwirtschaft sind. Bedrohliches Beispiel: Dass auch in Deutschland der Bienentod umgeht (ohne die Bestäubungsleistung der Bienen bräche die Welternährung zusammen), hat unter anderem damit zu tun, dass die Welt der Bienen zu giftig und zu blütenarm geworden ist. Und Honigbienen sind nur die Toten, die bemerkt werden. Schmetterlinge, Käfer, Wildbienen – ebenfalls unersetzliche, potente Bestäuber – verschwinden unbemerkt.

Solange in Brüssel weiterhin Masse bezuschusst wird, solange es Praxis bleibt, dass Schäden und Kosten externalisiert werden (Spritzmittel und Nitrat im Grundwasser, Degradierung der Böden durch Monokulturen, Entwertung von Erholungslandschaften durch Agrarsteppen, Liquidierung afrikanischer Selbstversorgermärkte durch subventionierten Export aus Europa und USA und so weiter), solange man der zeitgenössischen Agrar»kultur« erlaubt, die Lebenswelt von Tier, Pflanze und Mensch zu zerstören, so lange ist es müßig, sich über Artenschutzdetails und Wahrung biologischer Vielfalt den Kopf zu zerbrechen. Wenn die Krume wegerodiert, bleiben Krümel. Er hat keinen Sinn, sich über Risse im Eimer zu sorgen, wenn der Boden des Eimers fehlt. Professor Josef Reichholf, renommierter Biologe und Experte für Biodiversität, sagt, dass 90 Prozent des Artenschwundes beziehungsweise der akuten Bedrohung von Arten ursächlich mit der modernen Landwirtschaft zusammenhängen. Industrialisierte Landwirtschaft ist ein flächendeckendes Unheil.

Der andere »Artenabfluss« – deutlich geringer als der auf Feldern und Weiden – findet in den Wäldern statt. Ein Drittel Deutschlands ist Waldland. In allen Forstgesetzen von Schleswig-Holstein bis Baden-Württemberg wird der artenreiche Mischwald gelobt und gefordert. Und es ist wahr: Er wäre Wurzelgrund von Biodiversität …, wenn er denn aufkäme, besagter Mischwald.

Aber er kommt nur quälend langsam voran. Zum einen hat der Druck auf die Wälder (große Nachfrage nach Heizholz, steigende Preise für Kernholz) gerade in den vergangenen Jahren gewaltig zugenommen. Zum anderen ver hindern stark überhöhte Schalenwildbestände – knospen- und unterwuchsnibbelnde Rehe vor allem –, dass waldtypische Vielfalt hochkommt. Von Rechts und Gesetzes wegen müssten die Wildbestände den Erfordernissen eines artenreichen Waldes angepasst werden. Diese Anpassung weiß die Jagdlobby, die allzeit Wild in vollen Reviere hegen (sprich: züchten) will, seit Jahrzehnten zu verhindern.

Der Streit, der eine Zeitlang in der Naturschutzszene irrlichterte, ob denn der Schutz durch mehr und/oder größere Schutzgebiete (»Segregation«) vorrangig sei oder »integrierter« Schutz (das heißt Schutz auf der ganzen Fläche), ist müßig. Wir brauchen beides: ausgegrenzte Schutzgebiete, die groß genug sind, dass sich Natürlichkeit und auch Wildnis wieder einstellen können. Wir brauchen sie als Brutzellen des Lebens, der Vielfalt, der Biodiversität. Wir brauchen sie als Lernflächen und als Arche Noah, als Seelensteige (Horst Stern) und – ja, auch das! – als ökonomische Entwicklungskerne für den ländlichen Raum. Das zum einen. Und wir brauchen zum anderen Kulturlandschaften, die nicht länger Todeszonen für Wildtiere und Wildpflanzen sind. Damit das so sein kann, ist eine Agrarkultur vonnöten, die wieder etwas mit Kultur zu tun hat.

Und Schutzgebiete – das trifft auch für Biosphärenreservate zu – müssen finanziell und personell so ausgestattet sein, dass sie leben können. Deutschland hat anders als zum Beispiel Österreich nur ansatzweise ein Ranger-System; es fehlen fast überall Erklärer und Begeisterer, die Besuchern vor Ort Natur vermitteln. Man schützt ja nur, was man kennt, was man erkennt.

*

Aus Kreisverwaltungen (in Bayern heißen sie Landratsämter), in denen die unteren Naturschutzbehörden angesiedelt sind, hört man, dass es praktisch keine Möglichkeit gebe, die Naturschutzgebiete auch nur im Auge zu behalten, geschweige denn zu pflegen. Personalmangel.

Natur ist kostbar. Aber kosten darf sie nichts. »Wir brauchen in der Fläche nicht mehr Naturschutzgebiete. Wir müssten verhindern können, dass unsere Naturschutzgebiete vor die Hunde gehen«, sagte mir ein amtlicher Naturschützer in einem großstadtnahen Landkreis, ein »alter Hase«, der nicht namentlich zitiert werden möchte (»... ich muss hier ja noch ein paar Dienstjahre rumkriegen«). Und dann zeigte er mir ein Feuchtgebiet mit Naturschutzschildchen, das nicht mehr feucht war. Entwässerung rundum, Maisäcker, eingeschwemmte Krume von umgebenden Feldern. »Aber statistisch zählt es noch als Naturschutzgebiet!«, sagte er mir mit einem schiefen Lächeln,

Der Weltagrarbericht der Vereinten Nationen aus dem Jahre 2008 legt dar: Nicht die industrielle moderne Landwirtschaft – mit ihrem Verbrauch fossiler Stoffe und ihren Giftströmen übers Land und ins Wasser, ihrer Degradation der Böden, ihrer Monopolisierung des Saatgutes – wird neun oder gar zwölf Milliarden Menschen ernähren können. Das geht, wenn überhaupt, nur mit kleinräumiger, regionaler, agrargiftfreier Landwirtschaft. Vergleichbares gilt auch für den Schutz der Biodiversität, der Ökosysteme, des Lebens. Es geht nicht mit einer Landwirtschaft, die uns schafft. Es geht nur mit nachhaltigen Systemen.

Wenn ich Kanzler von Deutschland wär', würde ich meinen Amtseid, Schaden vom deutschen Volk abzuwenden, nicht im Bundestag sprechen, sondern vor einem Maisfeld oder in einer Fichtenmonokultur. Oder wenn's gerade regnet, in einem dieser Großlagerschuppen, die wie moderne Zwingburgen im Land stehen und oft ein Emblem aus Leverkusen tragen.

Klaus Gietinger

Entschleunigung – Der Weg aus der Kfz-Katastrophe

Der Tod hat einen Motor

Das Automobil ist die größte Massenvernichtungswaffe aller Zeiten. Jährlich sterben weltweit 1,3 Millionen Menschen auf der Straße. Seit seiner Erfindung wurden 45 Millionen Menschen totgefahren, Abermillionen verkrüppelt, Milliarden verletzt. Zählt man die Todesfälle durch die von Kraftfahrzeugen verursachte Umweltverschmutzung und die Klimakatastrophe hinzu, erreicht der Leichenberg die 100-Millionen-Grenze. Das stellt beide Weltkriege in den Schatten. Und die Zukunftsaussichten sind nicht gerade rosig: 2030 werden sich durch die immer rasantere Motorisierung der Erde all diese Zahlen mehr als verdoppelt haben. Der durch den motorisierten Individualverkehr (MIV) bedingte Flächenverbrauch (Straßen, Parkplätze, Biokraftstoffherstellung) wird zur Reduzierung der Nahrungsmittelproduktion und zu Hungersnöten führen. Das Ende des Ölzeitalters wird immer monströsere Kriege provozieren.

»Was geht mich das an«, sagt »Ottomotor- Normalverbraucher«, »bei uns gibt es immer weniger Verkehrstote, und das Elektroauto löst in Zukunft alle Probleme.«

Weit gefehlt: Das Elektroauto wird gar nichts lösen, es braucht genauso viel Platz, tötet und verletzt genauso und ist ab einer gewissen Geschwindigkeit ebenso laut wie das heutige Kfz. Im Gegenteil: Der Wirkungsgrad eines Elektro-Kfz – also das, was an Energie wirklich in Bewegung umgesetzt wird – ist noch schlechter als der eines herkömmlichen Verbrennungsmotors.

Und: Auf »unseren« Straßen sterben immer noch jährlich fast 4000 Menschen. Seit 1945 wurden über 800000 in Deutschland getötet, circa eine Million[1] werden jedes Jahr durchs Kfz verletzt. Insbesondere Kinder sind in Deutschland mehr gefährdet als irgendwo sonst in Europa. 80 Prozent aller Kinderunfälle werden nicht gemeldet.

Außerdem: Mehr als 200 Karzinogene bläst jeder Autoauspuff in die Welt. Zählt man zu den Verkehrstoten noch diejenigen hinzu, die durch Feinstaub, Stickoxide, Ozon, Kohlenstoffmonoxid und Lärm vom Leben zum Tod befördert werden, ist man hierzulande schnell bei 30000 Leichen pro Jahr. Stellen Sie sich vor, die Bahn würde so viele Opfer produzieren, sie wäre längst verboten. EU-weit sind Straßenverkehrsunfälle für die unter 50-Jährigen die häufigste Todesursache.[2]

Nicht zuletzt ist Deutschland die drittmächtigste Autonation der Erde. Drei von vier »unserer« Autos gehen in die weite Welt. So exportiert die deutsche Kfz-Industrie mit ihren Autos abermillionenmal Stau, Dreck, Karzinogene, Treibhausgase[3], Krüppel, Not und Tod in alle Welt.

Von der Beschleunigung zur Entschleunigung

Warum ist das Auto trotzdem so erfolgreich? Zuallererst befinden wir uns in einer sich stetig beschleunigenden Gesellschaft. Die Produktion von Waren ist im Kapitalismus nur dann profitabel, wenn diese schnell verkauft werden. Benjamin Franklins Ausspruch »Zeit ist Geld« heißt präzisiert, je weniger Zeit die Herstellung, der Vertrieb und der Verkauf einer Ware in Anspruch nehmen, umso schneller ist das Geld verdient. Dies lässt sich belegen. Die Transportweiten aller Waren auf der Erde nehmen jeden Tag zu. Diese Beschleunigung bestimmt unser Leben. Auch wir sind immer schneller und immer weiter unterwegs. So steigt die Durchschnittsgeschwindigkeit auf deutschen Autobahnen stetig, genauso wie die PS-Zahl der Fahrzeuge. Interessanterweise hat die Mobilitätsforschung festgestellt, dass die Menschen zwar seit Jahrzehnten und global einheitlich circa 75 Minuten am Tag unterwegs sind und dass sie dabei immer nur circa drei Wege zurücklegen, dass aber die Entfernungen und die Geschwindigkeit dieser Bewegungen laufend zunehmen.

Ein gegenläufiger Prozess. Es gibt keinen Zeitgewinn: Man ist zwar schneller am Ort A, will (oder muss) aber dann noch weiter nach B. Wir leben – allen Sirenengesängen zum Trotz – in keiner Welt des Zeitgewinns und der Geruhsamkeit, sondern in einer gehetzten Zeit. Hinzu kommt ein nicht zu unterschätzender Faktor: Geschwindigkeit fasziniert die Menschen. Das Durchdrücken des Gaspedals erfordert weit weniger Energie als der aufrechte Gang, bewirkt aber eine vielfach höhere Geschwindigkeit. Dies wird als Machtgewinn, als Potenzierung der eigenen Kraft empfunden und macht süchtig. An dieser Sucht verdient sich eine ganz besondere Art Drogenkartell dumm und dämlich: die Autoindustrie und ihre mächtige Lobby. Wie die Tabakindustrie profitiert dieses Kartell von der Sucht von Milliarden und letztlich auch von deren Krankheit und Tod. Was das Rauchen angeht, sind inzwischen Erfolge zu verbuchen, hier hat ein Umdenkungsprozess stattgefunden. Beim Kfz steht dieser noch aus, daher muss man die Temposucht verteufeln.

Eine radikale Entschleunigung ist vonnöten: Sie gelingt aber nur mit einer radikalen Senkung der Geschwindigkeit.

Erst dann verkürzen sich langsam wieder die Entfernungen, und als zusätzlicher Effekt macht das Autofahren auch keinen Spaß mehr. Diese Suchtüberwindung ist nicht einfach und erfordert mindesten 20 Jahre an Umgestaltung, und zwar auf allen Ebenen: persönlich durch Überwindung der Sucht, kollektiv durch die komplette Umgestaltung unseres Lebensraumes. Dies erfordert im übrigen mehr Demokratie. Und zwar eine Demokratie der Kommunikation und der Öffentlichkeit.

Was tun?

Der Artikel 2 Absatz 2 des Grundgesetzes garantiert das Recht auf Unversehrtheit des Körpers, dieses darf nur durch ein Gesetz eingeschränkt werden. Autos gefährden die körperliche Unversehrtheit massiv. Gleichwohl ist Autofahren gesetzlos. Einzige Grundlage ist die von Hitlers Juristen geschaffene Straßenverkehrsordnung (eben kein Gesetz). Auf ihrer Basis wird dem Auto grundgesetzwidrig ein Vorfahrts- und damit auch ein unausgesprochenes Tötungsrecht eingeräumt: die *eingebaute Vorfahrt.*[4] Fußgänger haben die Fahrbahn »zügig und auf dem kürzesten Weg quer zur Fahrtrichtung zu überschreiten« (Paragraph 25, Straßenverkehrsordnung). Die Nazis gingen sogar so weit, dem Kfz (auch in der Stadt) unbeschränkte Geschwindigkeit zu ermöglichen. Hier wurden in der BRD durch die Einführung von Tempo 50 (1957) in geschlossenen Ortschaften, Tempo 100 auf den Landstraßen (1972) und Tempo 30 (ab 1982) in Wohngebieten lebensrettende – allerdings noch ungenügende – Einschränkungen festgelegt. Diese Beschränkungen sollten radikal ausgeweitet werden. Gleichzeitig muss das Ziel verfolgt werden, die *eingebaute Vorfahrt* des Autos zu brechen. Das heißt, Autofahren muss endlich per Gesetz geregelt und gleichzeitig massiv – seinem Gefahrenpotential entsprechend – eingeschränkt werden.

Das Straßenverkehrsordnungsgesetz Zukunft 2030

Es gelten folgende Höchstgeschwindigkeiten (in Stundenkilometern): Autobahn 90, Landstraße 70, geschlossene Ortschaft (Ausnahme) 30, sonst in Wohngebieten bis zu zehn (Regel).

Das heißt, die *eingebaute Vorfahrt* des Kfz in Ortschaften ist grundsätzlich aufgehoben. Nur noch auf wenigen Sammelstraßen mit Tempo 30 hat das Auto Vorfahrt. Ansonsten gilt das Straßenverkehrszeichen 235, (volkstümlich) *Spielstraße*: zehn Stundenkilometer und weniger.

Innenstädte und Dorfkerne sind grundsätzlich autobefreit, das Gehweg- *und* das Straßenparken sind verboten. Allein Quartiersgaragen mit 500 Meter Abstand sind zugelassen. Da gleichzeitig Haltestellen des öffentlichen Verkehrs (ÖPNV) nur noch 200 Meter entfernt sind, erscheint dieser wesentlich attraktiver. Stufenweise werden die Kosten des Kfz an die von ihm verursachten externen Kosten (für Unfälle, Verschmutzung, Flächenverbrauch, Infrastruktur) angepasst. Der Rückbau von Autobahnen und Fernstraßen beginnt. Fahren mit überhöhter Geschwindigkeit gilt als versuchter Totschlag. Überhaupt verschärfen sich, nachdem mit dem Ende der *eingebauten Vorfahrt* das Gewaltmonopol vom Kfz-Lenker auf den Staat zurückgefallen ist, die Strafen für Autofahrer, die andere verletzen oder gar töten. Autowerbung ist untersagt. Kraftfahrzeuge erhalten große Aufkleber wie: *Autofahren gefährdet Leben. Autofahren ist tödlich.*

Das Fußgänger-, Rad- und Schienenwegausbaugesetz Zukunft 2030

Ziel: Fußgängernetze entstehen, ohne vom motorisierten Individualverkehr unterbrochen zu werden, Zebrastreifen sind hochgepflastert. Viele Kfz-Straßen werden in Radwege mit unterschiedlichen Höchstgeschwindigkeiten (zehn, 20 und 40 Stundenkilometer) umgewandelt. Ältere Mitbürger nutzen Elektrofahrräder, Gehbehinderten stehen Elektrotaxis zur Verfügung, die für Normalbürger deutlich teurer sind.

Die Tram, Oberleitungsbusse, Stadt-Seilbahnen und die Bahn erleben eine ungeahnte Renaissance. Die Flächenbahn verfügt über ein doppelt so dichtes Netz (70 000 Kilometer) wie heute, einen integrierten Taktverkehr (30 Minuten), eine höhere Netzgeschwindigkeit als das Kfz, verzichtet jedoch auf schädliche Hochgeschwindigkeit (höchstens 230 Stundenkilometer). Der Gütertransport findet hauptsächlich auf der Schiene und im öffentlichen Verkehr (ÖPNV) statt, Citylogistiksysteme verringern die Transportweite auf ein Minimum.

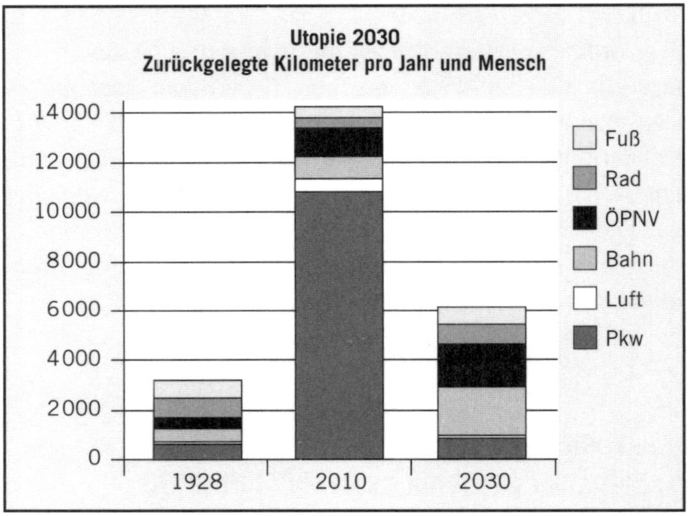

Erst alle diese Maßnahmen ermöglichen eine Entschleunigung. Damit verbunden ist die Rückkehr nicht nur des Tante-Emma-Ladens, sondern überhaupt der Einheit von Arbeit, Wohnen und Leben auf dem Dorf wie in der Stadt. In der Summe werden statt 14000 Kilometer nur noch 6000 Kilometer im Jahr gefahren. Fernreisen sind selten und dienen hauptsächlich der Bildung. Innerdeutscher Flugverkehr erscheint unsinnig und so teuer, dass er eingestellt wird.

Das Auto ist als Massenverkehrsmittel und als Massenvernichtungswaffe verschwunden, die Autoproduktion hauptsächlich durch Bahn-, ÖPNV-, und Fahrradherstellung ersetzt.

EU-weit durchgeführt, haben diese Maßnahmen enormen Vorbildcharakter. Stadt und Land kommen weltweit zu neuer

Blüte, die Kommunikation der Menschen findet wieder auf der Straße, im Freien, auf Plätzen, in Cafés, unter Arkaden und unter Linden statt. Kinder sind von der Käfighaltung befreit, sie können nach Herzenslust die Welt selbst entdecken. Auch die soziale Kontrolle im öffentlichen Raum ist wieder gewährleistet, es gibt keine fußgängerverlassenen Dörfer und Städte mehr. Das Leben greift wieder Platz, Abermillionen Menschen bleiben vor dem Kfz-Tod, weitere Milliarden vor Verletzungen und Krankheit bewahrt, die Umwelt kann sich entgiften, die drohende Klimakatastrophe und künftige Kriege werden abgewendet.

Jürgen Döschner

Für eine radikale Energie-Agenda

»Energiewende« – was für ein großes Wort! Und was für ein Betrug!

Bislang geht es im politischen Alltag weder um Energie in seiner ganzen Bandbreite, noch kann man wahrhaftig von einer Wende, also einer Umkehr in all ihrer nötigen Radikalität sprechen. Und diese Kritik richtet sich nicht allein an die schwarz-gelben Energie-Wendehälse in Berlin. Von der roten Kohlenstoff-Fraktion, die immer noch Strom wie vor 100 Jahren erzeugen will, über die grünen Gutverdienermenschen, die ihren Frieden mit ewigem Wachstum, Armut und Reichtum gemacht haben (»Hauptsache alles erneuerbar ...«), bis hin zu den Möchtegern-Energie-Robin-Hoods der Linkspartei, die sich nicht zu schade sind, Seite an Seite mit ADAC und BILD regelmäßig die »Abzocke an der Zapfsäule« anzuprangern und das Recht auf billige Energie(-verschwendung) einklagen – sie alle gaukeln den Menschen vor, dass das Leben im großen und ganzen so weitergehen kann wie bisher – mit all den Annehmlichkeiten, die billige Energie im Überfluss uns bislang beschert hat. Und sie alle übersehen oder übergehen, wie dramatisch unsere Versorgung mit Energie und damit unser gewohnter Lebensstil gefährdet sind.

E-genda 2050

Energie ist mehr als Strom und Atom! Das klingt banal, scheint aber trotzdem längst noch nicht überall angekommen zu sein. Kohle, Gas, Öl – Heizen, Fliegen, Autofahren ...: Im Vergleich zu den Herausforderungen des Klimawandels und der ausgehenden Öl- und Gasreserven ist der Atomausstieg ein Spaziergang. Denn die Abschaltung der paar Atomkraftwerke (AKW) schränkt uns kaum ein. Nicht einmal in Japan, wo fast alle 50 AKW innerhalb eines Jahres vom Netz genommen wurden, kam es zu größeren Blackouts. Der deutsche Soft-Ausstieg wäre nicht einmal am Strompreis zu spüren, wenn nicht einige Spezis dreist die »Energiewende« als Gelegenheit für Sondersubventionen missbrauchen würden. Der Ausstieg aus Kohle, Öl und Gas jedoch wird unser aller Leben dramatisch verändern. Einen schlichten Ersatz durch Sonne und Wind wie bei der Atomenergie wird es beim Öl-Ausstieg nicht geben. Dazu sind die technischen und finanziellen Probleme zu groß. Mehr als ein Fünftel unseres Stroms kommt inzwischen aus erneuerbaren Quellen, aber beim Transport ist auch Deutschland nach wie vor zu über 90 Prozent vom Öl abhängig.

Je später wir mit dem Ausstieg aus der Kohlenstoffwirtschaft beginnen, desto schmerzhafter wird er sein. Die Chance der deutschen »Energiewende« liegt darin, dass in der Öffentlichkeit eine Sensibilität und ein gewisses Problembewusstsein dafür geschaffen wurde, welche Bedeutung Energie für unser Leben hat. Diese Chance muss genutzt werden, um jetzt die Weichen für eine wirkliche Energiewende zu stellen, um den Menschen in aller Offenheit zu sagen: So wie bisher geht es nicht weiter. Wir brauchen eine Energie-Agenda, eine E-genda 2050. Und so muss sie aussehen:

Atomausstieg beschleunigen und sichern

Beginnen wir mit dem Einfachsten, dem Atomausstieg. Die Erfahrungen Deutschlands und Japans zeigen: Es geht – und es geht noch schneller. Um die Risiken zu minimieren und die weitere Produktion von Atommüll zu verhindern, wird das Datum zur Abschaltung des letzten AKW in Deutschland auf den 31. 12. 2015 vorgezogen. Eine nochmalige Wende in Richtung Atomkraft wird unmöglich gemacht, indem – nach dem Vorbild Österreichs – das Verbot zur Nutzung der Atomenergie in die Verfassung aufgenommen wird. Deutschland tritt aus der Internationalen Atomenergie-Organisation (IAEA/International Atomic Energy Agency), dem EURATOM-Vertrag und allen anderen Organisationen aus, die zur Förderung der Atomenergie gegründet würden, oder führt eine grundsätzliche Umorientierung dieser Organisationen herbei. Jegliche finanzielle Unterstützung von Nuklearprojekten, zum Beispiel HERMES-Bürgschaften für AKW-Exporte oder Forschungsgelder für die Kernfusion, wird sofort gestoppt.

Auf internationaler Ebene wirbt die Bundesrepublik für ihren Weg in Sachen Atomenergie und setzt sich für den globalen Atomausstieg ein. Exponierte (Ex-)Atomlobbyisten wie zum Beispiel der Abteilungsleiter Reaktorsicherheit im Bundesumweltministerium, Gerald Hennenhöfer, werden umgehend in den Ruhestand versetzt. Die nach menschlichem Ermessen völlig unrealistische Idee eines »sicheren Endlagers« für hochradioaktiven Müll wird aufgegeben. Stattdessen wird nach dem Vorbild Finnlands und entsprechend den Empfehlungen der »Ethik-Kommission sichere Energieversorgung« ein Standort für ein Langzeitlager (zum Beispiel in Granit) gesucht, in dem der Atommüll bei höchsten Sicherheitsanforderungen rückholbar gelagert wird.

Stromwende vollenden – Kohleausstieg einleiten

Der Neubau von Kohlekraftwerken in Deutschland wird ab sofort gesetzlich verboten, Kohleimporte mit einer Klimasondersteuer belegt. Das Recht zur Stromeinspeisung wird nach Klima- und Umweltschädlichkeit gestaffelt (erneuerbare Energien – Erdgas aus Kraft-Wärme-Kopplung – Erdgas konventionell – Steinkohle – Braunkohle – Atomkraft). Die Preise für CO_2-Zertifikate werden durch Verknappung drastisch erhöht. Da Energieversorgung als Aufgabe öffentlicher Daseinsvorsorge einzustufen ist, werden zur Sicherung der nationalen Stromversorgung systemrelevante Kraftwerke und gegebenenfalls Stromunternehmen bei Bedarf unter staatliche Aufsicht (zum Beispiel durch die Bundesnetzagentur) gestellt. Die Übertragungsnetze werden in einer nationalen Netz-AG zusammengefasst und der Bundesplanung unterworfen. Intelligente Stromzähler (Smart Meter) und variable Stromtarife werden gesetzlich vorgeschrieben. Lokale und regionale Energieprojekte und Genossenschaften werden steuerlich gefördert. Strenge Effizienzvorgaben zwingen Industrie, Gewerbe, öffentliche Einrichtungen und Privathaushalte zu verstärkten Energiesparmaßnahmen.

Weg vom Öl

Der bereits begonnene Klimawandel und das zu Ende gehende Zeitalter des billigen Öls zwingen uns zum Öl- und Gasausstieg. Für einen wirklich »sanften« Übergang zum postfossilen Zeitalter ist es bereits zu spät. Um aber noch dramatischere Umbrüche zu vermeiden, muss der Umstieg jetzt eingeleitet und beschleunigt werden. »Wir müssen das Öl verlassen, bevor das Öl uns verlässt.« (Fatih Birol, Chefökonom der Internationalen Energieagentur/IEA) Öl und Gas müssen durch Erhöhung bestehender beziehungsweise Einführung neuer staatlicher Abgaben drastisch verteuert werden, um deren Konsum zu senken und den ökonomischen Anreiz zur Suche nach und dem Einsatz von Alternativen zu fördern. Deutschland erhebt Sondersteuern auf Importe von Firmen beziehungsweise Ländern, die Öl und Gas aus sogenannten »unkonventionellen Quellen« (zum Beispiel Tiefsee, Arktis, Schieferöl) gewinnen und verbietet die Anwendung entsprechender Technologien (beispielsweise Fracking) im eigenen Land. Hersteller von Produkten und Geräten, die auf den Einsatz von Öl oder Gas angewiesen sind, werden gesetzlich gezwungen, den Anteil beziehungsweise Verbrauch fossiler Grundstoffe zu verringern und sukzessive Ersatztechnologien zu entwickeln. Mit den Einnahmen aus den diversen Kohlenstoffsteuern werden Erforschung und Einsatz erneuerbarer Technologien gefördert und wird der Umbau insbesondere der fossilen Individualmobilität forciert. Dazu wird ein Projekt »Mobilität 2050« aufgelegt, dessen Ziel es ist, sämtliche Bereiche der Mobilität in Deutschland bis 2050 so einzuschränken beziehungsweise umzubauen, dass sie von Öl und Gas unabhängig sind.

Forschung intensivieren

Deutschland konzentriert und intensiviert seine Energieforschung. Dazu initiiert die Bundesregierung nach dem Vorbild der US-Rüstungsforschungsstelle DARPA (Defense Advanced Research Projects Agency)[1] die Gründung einer europäischen Forschungsagentur für Energie. Finanziert wird diese durch den Ausstieg aus sämtlichen Forschungsprojekten im Bereich Atomkraft (unter anderem Kernfusion), Öl, Gas und Rüstung. Ein Bundesgesetz schreibt allen Unternehmen vor, jährlich mindestens drei Prozent ihres Umsatzes für Energieeffizienz steigernde Investitionen beziehungsweise die Forschung und Entwicklung auf dem Gebiet erneuerbarer Energien auszugeben.

Wachstum und Wohlstand neu definieren

Der unvermeidliche Ausstieg aus der Kohlenstoff- und Nuklearwirtschaft verlangt eine grundlegende Neudefinition von Wachstum und Wohlstand. Das Bruttoinlandsprodukt als Maßstab für Fortschritt und Wohlstand ist ungeeignet. Das wird am Beispiel Energie so deutlich wie sonst nirgends. So muss es zum Beispiel zum Unternehmensziel von Stromkonzernen werden, möglichst wenig und nicht möglichst viel Strom zu verkaufen. Wirklich nachhaltige, ressourcensparende Produktion hat weniger und nicht mehr Umsatz zur Folge. Nicht jeder Liter Öl, nicht jede Kilowattstunde Strom, auf die wir verzichten (müssen), können durch erneuerbare Energie ersetzt werden. Doch der Verzicht auf Mobilität, Elektrizität, Energie als solche muss kein Verzicht auf Lebensqualität sein. Weniger Autos zum Beispiel bedeutet weniger Lärm, weniger Feinstaub, weniger Straßen und so weiter. Diese Dimension der wirklichen, echten *Energiewende* muss die Politik den Menschen vermitteln. Dabei geht es nicht um eine Wende zurück (Stichwort: Steinzeit), sondern um eine revolutionäre Umgestaltung unserer Art zu leben und zu wirtschaften, ohne die es jedoch keine Zukunft gibt.

Transparenz und Beteiligung fördern

Die radikalen Veränderungen, Opfer und möglichen Konflikte, die diese Energiewende zwangsläufig mit sich bringen wird, erfordern ein extremes Maß an Transparenz und Beteiligung. Den Vorschlägen der »Ethikkommission sichere Energieversorgung« folgend, wird ein Bundesbeauftragter für die Energiewende eingesetzt. Er hat die Aufgabe, die Maßnahmen zum Umbau unserer Energieversorgung zu überwachen, und ist ausgestattet mit umfassenden Informations- und Vetorechten bei allen die Energieversorgung und das Klima betreffenden Gesetzesvorhaben. Es wird zudem ein nationaler Energierat ins Leben gerufen, der – besetzt mit Politikern, Wirtschaftsvertretern und Fachleuten aus Wissenschaft und Forschung – den gesellschaftlichen Diskurs zum Thema Energiewende organisiert. Analog dazu werden auf kommunaler, regionaler und Landesebene ständige Energieforen ins Leben gerufen. Sie sichern eine bürgernahe Debatte und treffen Entscheidungen über konkrete Schritte zur Realisierung der Energiewende.

Radikal, aber angemessen

Die wirkliche Energiewende ist eine radikale Umstellung nicht nur unserer Energieversorgung, sondern vor allem unseres Energiekonsums. Diese Herausforderung ist mit nichts bisher Dagewesenem vergleichbar und erfordert weitaus größere Anstrengungen als zum Beispiel die Bewältigung der globalen Finanzkrise oder der europäischen Schuldenkrise. Die hier gemachten Vorschläge mögen in den Augen mancher brutal, schmerzhaft, radikal erscheinen. Das mag sein. Aber angesichts der Dimension des Problems sind sie vor allem eines: angemessen.

Sven Plöger

Klimapolitik: Weniger reden, entschlossener handeln

Unsere Erde ist ein schöner Planet. Steht man auf dem Mond, was bisher allerdings nur relativ wenigen Menschen vergönnt war, sieht man sie in Gänze: tiefblau die Ozeane, in vielfältigen Grün- und Brauntönen die Kontinente und viel Weiß – Wolken und die Eismassen der Polkappen. Was jedoch niemand sehen kann, ist die, gemessen an ihrer Größe, hauchdünne Atmosphäre aus unsichtbaren Gasen, die ihn umgibt und in der wir leben dürfen. Ihr Sauerstoff erlaubt uns das Atmen, ihre Ozonschicht schützt uns vor lebensgefährlicher Strahlung von der Sonne und in ihr sorgt das Wetter für den Transport von Energie, also Wärme. Fairerweise von überversorgten zu unterversorgten Regionen. So will es die Physik, die sich in diesem Punkt übrigens oft auffällig von menschlichem Handeln unterscheidet. Das sei aber nur am Rande bemerkt.

Heute sind wir sieben Milliarden Menschen auf der Erde, die alle ernährt werden wollen und die möglichst nach einer Verbesserung ihres Lebensstandards trachten. Schon als wir in den 1970er Jahren gerade mal rund vier Milliarden waren, wurde zunehmend klar, dass unser Lebensstil der Umwelt und damit auch der zu ihr gehörenden Atmosphäre schadet und es Maßnahmen zum Gegensteuern braucht. Der Club of Rome war 1972 insbesondere mit der von ihm in Auftrag gegebenen Studie *Die Grenzen des Wachstums* ein gedanklicher Anfang, die UNO-Konferenz für Umwelt und Entwicklung in

Rio de Janeiro 1992 signalisierte 20 Jahre später eine Aufbruchstimmung in 172 Staaten dieser Welt. Ein Ergebnis dieser Konferenz war die globale Klimarahmenkonvention, die 1997 im Kyoto-Protokoll mündete, in dem erstmals rechtlich verbindliche Ziele für Emissionshöchstmengen für Industrieländer festgelegt wurden. Heute, 16 Jahre später, ist wohl kaum noch jemand euphorisch: Die Ziele des Kyoto-Protokolls wurden von vielen Staaten nicht erreicht, und eine Nachfolge von Kyoto rückt von Klimakonferenz zu Klimakonferenz in weitere Ferne, so dass auch die Medien zunehmend das Interesse an diesen Veranstaltungen verlieren. Verblüffend ist dabei, dass sich die Lage keinesfalls – und nicht einmal zufällig – entspannt hat.

Wir alle wissen, dass wir nicht jedes Jahr die nachwachsenden Ressourcen von 1,4 Erden verbrauchen können, weil wir nur eine Erde haben. Wir alle wissen, dass man nicht dauerhaft jeden Tag weltweit 14 Milliarden Liter kostbares und endliches Erdöl verbrennen kann – ein hochwertiger Rohstoff, der für mehr qualifiziert ist als für seine Verbrennung. Die meisten Menschen bezweifeln, dass es folgenlos bleibt, wenn man alljährlich 33 Milliarden Tonnen Kohlendioxid – Tendenz steigend – in die Atmosphäre pustet. Kohlendioxid ist neben anderen Gasen wie zum Beispiel Methan oder Lachgas ein Treibhausgas, das die Atmosphäre erwärmt. Durch eine solche Erwärmung kommt es neben dem Anstieg des Meeresspiegels und dem Abschmelzen von Teilen der Polkappen sowie von vielen Gletschern auch zu Veränderungen der atmosphärischen Zirkulation – also der mittleren Lage von Hoch- und Tiefdruckgebieten sowie deren Verlagerungsgeschwindigkeit. Die Folge davon sind Verschiebungen von Niederschlags- und damit Vegetationszonen, von Zugbahnen der Sturmtiefs, Häufungen von Dürren und Hochwasserlagen und – weil wärmere Luft mehr Wasserdampf aufnehmen kann – eine Neigung zu häufigeren Starkregenereignissen.

Allerdings war das Klima auf der Erde noch nie konstant, die Natur sorgte immer schon für seine Variabilität, und sie wird das selbstverständlich auch weiterhin tun – ganz ohne unser Zutun. Warum also besorgt sein? Weil die Geschwindigkeit der derzeitigen globalen Erwärmung schneller vonstatten geht als jemals zuvor in den letzten zwei Millionen Jahren. Nicht zuletzt deshalb geht die Wissenschaft mit einer Wahrscheinlichkeit von 95 Prozent davon aus, dass der Mensch an der heutigen Erderwärmung beteiligt ist. In den vergangenen 100 Jahren ist es auf unserem Globus um 0,8 Grad wärmer geworden. Gemessen an den vier Grad seit dem Ende der letzten Eiszeit vor 11 000 Jahren ist das ein hoher Wert.

Dennoch werden immer wieder Zweifel laut, ob wir Menschen ein solch riesiges System überhaupt nennenswert beeinflussen können. Im Kleinen konnte man das im Januar 2013 in Peking sehen, wo über Wochen extremer Smog auftrat, weil die Abgase einer immer größeren Anzahl von Kohlekraftwerken wegen fehlenden Windes einfach über der Stadt liegenblieben. Im Großen spricht der arktische Eisrückgang von 40 Prozent innerhalb von gerade mal rund 30 Jahren Bände. Oder das Ozonloch, verursacht durch den in der Natur nicht vorkommenden Fluorchlorkohlenwasserstoff (FCKW).

Nebenbei: Wir können froh sein, dass wir statt Chlor damals kein Brom (also FBKW) verwendet haben, denn sonst könnten wir über das Thema Mensch und Umwelt heute kaum mehr diskutieren – wir hätten die gesamte schützende Ozonschicht zerstört und wesentliche Lebensvoraussetzungen für uns gleich mit.

Wir Menschen gehören also zur Biosphäre und stehen somit ganz selbstverständlich in einer Wechselwirkung mit unserer Umwelt, mancherorts positiv, vielerorts negativ. Erkannt haben wir das längst; und in politischen Sonntagsreden wird darum auch seit Jahren gebetsmühlenartig von unserer Verantwortung und dem notwendigen nachhaltigen Umgang mit unseren Ressourcen gesprochen. Aber – wie schon häufig erkannt und oft auch selbst erfahren – es gibt einen großen Unterschied zwischen reden und handeln. Drei Dinge machen es uns besonders schwer, das Thema Klimawandel in den Griff zu bekommen: seine Komplexität, seine Langfristigkeit und die Tragik der Allmende, also des Gemeingutes.

Beginnen wir mit der Komplexität. Im Erdsystem beeinflussen sich derart viele Prozesse gegenseitig, dass einseitige Ursache-Wirkung-Analysen, die immer mal wieder zu hören und zu lesen sind, wenig helfen. Weder das Kohlendioxid noch die Sonne können allein für Klimaveränderungen verantwortlich sein, sondern es findet ein vielfältiges Zusammenspiel von natürlichen und menschengemachten Prozessen sowie Rückkopplungen zwischen diesen statt. Der Nachteil dieser vernünftigen Erkenntnis: Der Klimawandel ist sicher, wie er sich wann wo konkret gestaltet, ist aber unsicher!

Letzteres ist jedoch die zentrale Frage für unser vorbeugendes Handeln. Die Unsicherheiten für sich genommen sind das eine, sie geben vor allem aber auch Interpretationsspielraum. Ein Spielraum, den jeder natürlich nach seiner persönlichen Interessenlage nutzt. So wird ein Ölkonzern die Entwicklung eben anders beurteilen als eine Umweltorganisation, Deutschland die Welt anders sehen als China, die USA oder eines der vielen Entwicklungsländer Afrikas. Wenig hilfreich ist dabei auch, dass Kohlendioxid ein unsichtbares und geruchloses Gas ist. Der Vielfalt an Beiträgen zum CO_2 würde sicherlich schrumpfen, wenn wir durch unsere eigenen Emissionen niemals die Sonne sehen würden oder immer mit einer Gasmaske vor die Tür treten müssten.

Schnell angemerkt: CO_2 ist kein Klimakiller, sondern ein lebenswichtiges Gas, ohne das Pflanzen keine Photosynthese betreiben könnten und wir keinen Sauerstoff hätten. Das Problem ist nicht das Gas, sondern unser Umgang damit. Eine Erkenntnis bleibt: Komplexität lähmt, denn sie lässt keine eindeutigen Antworten auf zentrale Fragen zu.

Der Klimawandel ist zudem ein langfristiges Thema – ob wir das wollen oder nicht. Er wird uns nicht nur ein paar Monate beschäftigen und dann erledigt sein, sondern er ist schlicht eine Jahrhundertaufgabe, die für mehrere Generationen maßgebliche Bedeutung hat. Mit Dingen, die lange dauern, fällt es uns in einer immer hastigeren und schnelllebigeren Zeit jedoch schwer umzugehen – wir haben uns angewöhnt, uns dem »Diktat der Kurzfristigkeit« zu beugen, so Professor Klaus Töpfer, ehemaliger Chef des UN-Umweltprogramms. Just in dem Moment, in dem ein Großkonzern oder ein Staat nun aber sagen würde: »Wir müssen die langfristigen Probleme *jetzt* angehen und *jetzt* weniger Schadstoffe emittieren« – was nichts anderes bedeutet, als sich selbst Spielregeln aufzuerlegen –, sausen wir geradewegs in ein Dilemma: die Tragik der Allmende. Wie geht man mit Ressourcen um, die uns allen gehören, die aber mit der Zeit knapper werden?

Leider nicht so, wie wir es uns wünschen, also sparsam und mit dem Ziel fairer Verteilung. Das Dilemma liegt hier: Derjenige, der sich aus Vernunftgründen bei der Ressourcennutzung zurückhält, räumt seinem skrupelloseren Nachbarn Vorteile ein. Also liegt es nahe, lieber selbst zuzulangen, solange der Vorrat reicht – und damit das Problem für alle zu verschärfen. Dies ist ein nach dem Ökologen Garret Hardin unvermeidliches Schicksal der Menschheit, für das es keine technologische Lösung gibt.

Also resignieren und hoffen, dass vielleicht doch alles anders kommt oder zumindest so spät, dass man selbst nicht mehr betroffen ist, und darum »Business as usual« zur Lebensidee machen? Wir sollten den Kopf lieber gebrauchen, als selbigen in den Sand zu stecken. Das Klimaproblem wird zu einem bedeutenden Anteil von unserer Treibhausgasemission beim Verbrennen fossiler Energieträger verantwortet, deren Vorräte endlich sind. Oder anders ausgedrückt: Die Endlichkeit der Ressourcen gibt uns die Information, *dass* es eine weltweite Energiewende geben wird, und der Klimawandel wirft die Frage auf, *wann* das geschehen muss! Die Antwort: je früher, desto besser; und am Ende – leider nicht am Anfang – wird es billiger.

Was brauchen wir, um endlich von der Stelle zu kommen? Zuerst mal eine neue Aufbruchstimmung im Land, die »Lust auf Veränderungen« macht – es fehlt uns die »Ikone der Energiewende«, eine Person, die uns »mitnimmt«. Mitnehmen lässt man sich am ehesten, wenn man das »Warum« versteht. Wir brauchen einen viel engeren Austausch von Wissenschaft, Politik und Journalismus. Es ist nicht hilfreich, die Bevölkerung mit der sogenannten Klimakatastrophe zu erschrecken, sondern im Mittelpunkt muss stehen, die spannenden Zusammenhänge eingängig zu erläutern und auch die wissenschaftlichen Unsicherheiten offenzulegen.

Dann braucht es wieder ein weltweites Ziel. Die Erwärmung seit der Zeit vor der Industrialisierung auf zwei Grad begrenzen zu wollen – das Zwei-Grad-Ziel – war kein Fehler, denn es ist eine mess- und merkbare Größe. Leider haben wir 0,8 Grad bereits »verbraucht«, und bei der derzeitigen Treibhausgasemission werden die übrigen 1,2 Grad bis zum Jahr 2034 auch »geschafft« sein. Physikalisch können wir dieses Ziel noch erreichen, politisch werden wir es aber wohl verfehlen. Nahe heranzukommen muss jedoch ein ernsthaftes Ziel bleiben – wohl wissend, dass wir natürliche Einflüsse nicht planen können und dass globale zwei Grad für den einen null und den anderen vielleicht sechs Grad ausmachen. Dennoch sind zwei Grad eine sich aus der Historie ergebende »Hausnummer«, bei der die Verhältnisse, in denen wir gewohnt sind zu leben und zu wirtschaften, relativ stabil bleiben werden.

Wir brauchen zudem die Einsicht, dass wir die Tragik der Allmende nur überwinden, wenn wir tatsächlich unser Verhalten ändern. Wem das zu einfältig klingt: Man darf argumentativ nachhelfen, denn auch der Skrupellosere wird von den Folgen betroffen sein – der Verweis auf den Smog in Peking sei hier nochmals gestattet. Auch darf man anderen etwas vormachen. Gemeint ist: Wer eine Energiewende erfolgreich umsetzt, kann anderen zeigen, dass sich das monetär auszahlt, und spätestens dann wird die Lust, sie nachzuahmen, wachsen. Selbst nicht aktiv zu werden, weil es andere nicht tun, erinnert hingegen fatal an die Lemminge. Nacheinander über eine vorhandene Klippe zu springen klingt wenig raffiniert.

Was wir nicht brauchen, ist eine Unmenge neuer Gesetze und weiterer Bürokratie, sondern ein klares Durchsetzen guter, vorhandener Ideen. Nehmen wir den Emissionshandel. Es ist eine gute Idee, mit Emissionsrechten zu handeln. Aber das muss weltweit im Konsens geschehen, und die Anzahl der weniger werdenden Emissionszertifikate muss zu einer geeigneten Preisbildung führen, so dass sich Investition auch wirklich lohnt. Beides ist derzeit nicht der Fall, weshalb der Emissionshandel auch nicht vernünftig funktioniert. Doch das liegt nicht an einer schlechten Idee, sondern den ungeeigneten Rahmenbedingungen.

Zu guter Letzt noch ein Satz zu den weltweiten jährlichen Klimakonferenzen. Es ist gut, dass es sie gibt. Solange sich aber Industrie- und Ankerländer mit unterschiedlichen Interessen bewegungslos gegenüberstehen, kann man die meisten Emissionen dadurch sparen, dass man das Treffen vieler tausend Menschen, die dafür um den halben Globus reisen, ausfallen lässt. *Alle* müssen sich bewegen, denn *alle* sind beteiligt: die Industrienationen durch die Emission seit Jahrzehnten, die Ankerländer durch ihr extremes Wachstum. Eine Seite allein wird keine Lösung finden können. Aber: Wer zuerst zu emittieren angefangen hat, darf durchaus auch zuerst aufhören. Ein solches verbindliches Signal der Industrieländer brächte die anderen in Zugzwang. Sie erreichen bald unsere stark sinkenden Emissionswerte und müssen ab dann gleichermaßen agieren. So etwas nennt man Kompromiss, und davon brauchen wir für die Zukunft viele …

Rudolf L. Schreiber

Nachhaltiges Deutschland – Visionspolitik für die Welt

Was würde ich tun, wenn ich Kanzler von Deutschland wäre? Wahrscheinlich vieles, was man nicht tut. Ich würde nach Alternativen suchen, wo im politischen Alltag Sachzwang herrscht. Das heißt, neben der Realpolitik der Gegenwart würde ich Perspektiven einer Visionspolitik für die Zukunft skizzieren. Denn ohne Visionen keine Orientierung, ohne Orientierung keine Leitlinien und ohne Leitlinien keine zukunftsfähigen Entscheidungen.

Aus dieser Sicht umreißt mein kurzer Beitrag Visionen, die zur Realität werden könnten, wenn wir nur wollten. Sie zu entwickeln erfordert eine neue Sicht der Wirklichkeit, ein Infragestellen vieler vermeintlicher Wahrheiten und den Mut, sie gegen den Strom der Zeit auf den Weg zu bringen.

Betrachten wir zunächst meine Rolle als Kanzler von Deutschland. Die Aufgaben der Weltpolitik einbezogen, bin ich nicht nur der Kanzler von Deutschland, sondern auch ein Innenminister der Welt, der einen Beitrag zur Lösung der globalen Probleme leisten muss.

Staatsgrenzen sind Wunden der Geschichte. Sie sind aus ökologischer, menschlicher und wahrscheinlich auch aus ökonomischer Sicht langfristig für eine weltweite Überlebenspolitik nicht mehr sinnvoll. Wir alle sind in unserer modernen Zeit nicht mehr nur deutsche Staatsangehörige, sondern auch Weltbürger. Keines der großen Weltprobleme macht an den Grenzen halt, und ein jeder von uns ist mehr oder weniger daran beteiligt. Die Welt ist ein Dorf geworden. Nicht nur virtuell, sondern auch real. Werfen wir deshalb einen Blick auf die Weltlage.

Die neue Studie des World Economic Forum, Davos, verdeutlicht, dass die vielfältigen Einzelkrisen unserer Zeit wie Klimawandel, Wassermangel, Hunger, Ressourcenknappheit, Finanzkrisen und Staatspleiten zu einer globalen Systemkrise kumulieren. Es besteht deshalb kein Zweifel mehr, dass alle Staaten daran arbeiten müssen, mit Blick auf die globale Sicht in ihrem Land widerstandsfähiger gegen die Risiken zu werden.

Eine besondere Gefahr droht durch das Zusammenwirken von Problemen zwischen dem Wirtschafts- und Umweltsystem. Zwei der großen Risiken, um Beispiele anzuführen, werden in der Einkommensungleichheit und dem zunehmenden Wassermangel gesehen. Die immer größer werdende Kluft zwischen der armen und reichen Bevölkerung auf der Welt, auch in Deutschland, gefährdet die Weltwirtschaft, und die Wasserknappheit in vielen Ländern der Erde kann dramatische Folgen haben.

Mir geht es aufgrund der globalen Verantwortung auch darum, Entwicklungen und Lösungen zu finden, die zu einer nachhaltigen Lebens- und Wirtschaftsform in Deutschland führen und darüber hinaus einen Beitrag für eine zukunftsfähige Weltgesellschaft leisten. Deutschland kann ein Beispiel sein, ein Leitbild für Nachhaltigkeit werden. Wenn der Welt eine Systemkrise droht, dann helfen keine Teillösungen, sondern nur eine Systemlösung, eine Rückbesinnung auf das Wesentliche und eine Kehrtwende im Denken und Handeln. Da es auf einem begrenzten Planeten kein unbegrenztes Wachstum gibt, ist ein Wirtschaftssystem, das auf quantitatives Wachstum setzt, falsch und damit nicht zukunftsfähig. Wir müssen Wachstum als Veränderung, als qualitative Anpassung und Wandlung in eine neue Überlebensform verstehen. So, wie die Metamorphose aus dem Inhalt eines Eies ein Küken werden lässt und nicht immer größere Eier. Immer mehr geht nicht, immer besser geht immer!

Auf die Wirtschaft übertragen bedeutet das die Veränderung von der wachstumsorientierten Marktwirtschaft in eine Systemwirtschaft oder eine Mitwelt-Ökonömie, die die Erhaltung des Ganzen zum obersten Ziel hat. Eine solche Wirtschaftsweise kann es nur dann geben, wenn wir die Zukunft der Produktion und des Konsums innerhalb der Grenzen sehen, die das Ökosystem Erde setzt. Wir können nicht mehr verbrauchen, als nachwächst, und die Umwelt nicht stärker belasten, als sie sich regeneriert.

Der Weg aus der Wachstumsfalle heißt nachhaltige Entwicklung und umfasst die Bereiche Umwelt, Gesellschaft und Wirtschaft. Die reale Bedrohung unseres Erdsystems erfordert deshalb eine Kehrtwende des Wirtschaftens, die an der Begrenztheit orientiert ist. An erster Stelle muss die Erhaltung der natürlichen Grundlagen des Lebens gewährleistet sein, an zweiter Stelle das Wohlergehen der Menschen und das zukünftiger Generationen und an dritter Stelle die Entwicklung eines nachhaltigen Wirtschaftssystems, das die Erhaltung aller drei Bereiche anstrebt.

Ein Weitermachen wie bisher hat keine Zukunft und schafft keine Zukunft. Aufgrund dieser Erkenntnisse würde ich die nachhaltige Entwicklung, die am Gesamtsystem orientiert ist, zur obersten Leitlinie und Handlungsmaxime meiner Politik erklären.

Ein erstrebenswertes Ziel wäre hierfür, Deutschland zum Modellstaat für Nachhaltigkeit in der Welt zu entwickeln und innovative Nachhaltigkeitsmärkte zu erschließen.

»Sustainability made in Germany« würde man der deutschen Wirtschaft aufgrund ihrer erbrachten Leistungen und ihres Know-how zutrauen. Es wäre ein voraussichtlich erfolgreicher Weg, denn wenn die Probleme auf uns zukommen und noch größer werden, dann wird auch zwangsläufig nach Lösungen und neuen Produkten gefragt.

Es geht um ökologisch orientierte Produktion, gesellschaftliche Verantwortung und nachhaltigen Konsum. Es bedarf einer Abkehr von der Bedürfnisweckung zur Bedürfnisdeckung. Diese Forderung steht konträr zur praktizierten Wirtschaftsweise in den industrialisierten Staaten, die durch Marketing und Werbung zum Verbrauch motiviert und Bedürfnisse weckt. Die Folgen sind weitere Umweltschädigungen, Energie- und Rohstoffverbrauch, Ausbeutung von Menschen durch Billiglöhne sowie steigender Konsum zur Erhaltung des falschen Wirtschaftssystems und einer vermeintlichen Sicherung von Arbeitsplätzen.

Auch in der Werbung muss ein Umdenken erfolgen. Qualität statt Quantität, Haltbarkeit und Reparaturfähigkeit sowie die Akzeptanz angemessener Preise statt Dumpingpreise sollten wieder glaubwürdige Botschaften für nachhaltige Angebote werden.

Ich gehe weiter davon aus, dass die bisher gültige Theorie der Marktregulierung durch Angebot und Nachfrage in einer begrenzten Welt nur noch bedingt zutrifft. Erstens regelt der Markt nicht die Moral, und zweitens grenzt die Knappheit aufgrund steigender Preise viele Konsumenten aus. Oberstes Ziel der Politik muss jedoch sein, möglichst vielen Menschen möglichst lange ein menschenwürdiges Leben zu ermöglichen.

Die Beispiele verdeutlichen, dass eine Wirtschaft, die sich an den Grenzen orientieren muss, neue Strategien und Theorien benötigt. Doch nicht nur die Wirtschaft steht vor der großen Aufgabe einer Veränderung. Wir alle müssen uns verändern: Die Weltgesellschaft steht vor dem größten Paradigmenwechsel ihrer Geschichte.

Die Auswirkungen der ökologischen Krisen verdeutlichen die dringende Notwendigkeit einer neuen Sichtweise. Jetzt geht es um eine Rückkehr zur Vernunft, zur Wohlfahrt statt

Wohlstand, zur Bescheidenheit statt Verschwendung, zum menschlichen Maß und zu einer Abwendung vom Glauben an unbegrenzte Möglichkeiten. Für die Politik ist das Infragestellen der bisherigen Orientierung ebenso von Bedeutung wie für die Wirtschaft.

Wie muss sich unser demokratisches System wandeln, damit es eine neue Politik einleiten kann? Wie können die verantwortlichen Politiker und Mitarbeiter in den Ministerien mit der vernetzten und teilweise globalen Komplexität zurechtkommen? Wie können Wissen und Verstehen der zukünftigen Herausforderungen vermittelt und umgesetzt werden?

Eine meiner ersten Forderungen ist das Überschreiten von Ressorts und Zuständigkeiten. Nicht nur Ministerien, sondern auch Abteilungen im Ministerium stehen vor der Aufgabe, ressortübergreifend zusammenzuarbeiten. Das Brachland zwischen den Zuständigkeiten muss zum Neuland der Orientierung werden. Es ist an dieser Stelle unmöglich, auf die Arbeit der Ministerien im Bund und in den Ländern ausreichend und wegweisend einzugehen. Es ist mir nur möglich, noch auf einige im Kontext zwischen Deutschland und der Welt stehende Aufgaben einzugehen.

Dabei geht es mir um Lösungen, die sich an den Nachhaltigkeitsbereichen der Vereinten Nationen orientieren. Als erstes ist hier der Bereich Bildung für nachhaltige Entwicklung zu nennen. Ohne Bildung bleibt ihre Umsetzung illusionär. Erforderlich ist deshalb eine langfristige Bildungsinitiative für nachhaltige Entwicklung und Änderung der Konsumeinstellung.

Umfragen bestätigen, dass umfassende Aufklärung über nachhaltige Entwicklung zwingend notwendig ist. Die Mehrheit der Bevölkerung in Deutschland findet nachhaltige Entwicklung gut, aber nur eine Minderheit weiß, was sie bedeutet. Die Vereinten Nationen haben deswegen alle Staaten aufgefordert, in allen Bildungsbereichen und allen Altersstufen aufzuklären.

Neben dem etablierten Bildungssystem und seiner Infrastruktur spielt das öffentlich-rechtliche Fernsehen eine zentrale Rolle. Doch wird sie genutzt? Erfüllt sie ihre gesetzliche Bildungsaufgabe? Der Niedergang der Programmqualität von ARD und ZDF ist deprimierend, die Quotenorientierung zugunsten großer Reichweiten für hohe Werbeeinnahmen und die Zunahme der Schleichwerbung sind skandalös. Hier ist die Wahrnehmung der Bildungsaufgaben durch neue und innovative Formate notwendig.

Des weiteren ist in Frage zu stellen, ob bei konsequenter Aufklärung über Nachhaltigkeit konventionelle Werbung noch vertretbar ist.

Die öffentlichen Sender ARD und ZDF sollten logischerweise keine Werbung mehr ausstrahlen. Die neue Haushaltsabgabe bietet diesbezüglich einen guten Anlass für eine Änderung und sogar die Chance, »Werbefreiheit« als Alleinstellungsmerkmal zu nutzen. Der Zuschauer wäre dankbar.

Neben Bildung für nachhaltige Entwicklung als übergeordnete Aufgabe wird mein Programm der Visionspolitik an den Leitlinien der Agenda 21 der Konferenz für Umwelt und Entwicklung der Vereinten Nationen in Rio de Janeiro 1992 ausgerichtet. An die zuständigen Bundesministerien würde ich den Auftrag erteilen, zusammen mit den Landesministerien im Rahmen eines Ideen- und Innovationswettbewerbs vorwiegend mit der mittelständischen Wirtschaft, Konzepte und Problemlösungen für die einzelnen Nachhaltigkeitsbereiche der Vereinten Nationen zu finden. Aufgrund der Dringlichkeit und des Bedarfs an weltweit übertragbaren Lösungen beginnen wir mit den drei nachstehenden Aufgabenfeldern.

Nachhaltige Wasserwirtschaft: Ohne Wasser läuft nichts. Weder in der Natur noch in der Wirtschaft. Wasser ist die wichtigste Ressource des Menschen und durch nichts zu ersetzen. Wasser ist wichtiger als Energie. Der Verbrauch steigt, und bei zunehmender Wasserknappheit in Regionen drohen internationale Konflikte. In weltweit mindestens 250 grenzüberschreitenden Flusseinzugsgebieten ist ein modernes Wassermanagement nach dem Konzept der europäischen Rahmenrichtlinie notwendig.

Die moderne Sicht auf Wasser ist global, Wassermanagement ist und bleibt jedoch immer lokal. Das bedeutet, eine lokale Ressource wird zum globalen Problem und bedarf eines innovativen Wassermanagements in Regionen.

Die Wasserwirtschaft in Deutschland verfügt über eine der ältesten und besten Wasserwirtschaftsverwaltungen der Welt. Sie besitzt fachliche Kompetenz, nachhaltige Strategien und zusammen mit der Wirtschaft beste Produkte und Anlagen. Dieses Potential gilt es zu bündeln, zu optimieren und zu einem regionalen Wassermanagementmodell zu entwickeln, das weltweit übertragen werden kann.

Nachhaltige Landwirtschaft: Die Zahl der Hungernden hat fast eine Milliarde Menschen erreicht. Zukünftig sind neun Milliarden Menschen zu ernähren. Wie? Durch konsequente Weiterentwicklung des ökologischen Landbaus.

Erstens postuliert der Weltagrarbericht (2009) »Business as usual is not an option«, und zweitens begründet Prinz Felix zu Löwenstein in seinem Buch *Food Crash – Wir werden uns ökologisch ernähren oder gar nicht mehr* glaubwürdig die Notwendigkeit zum ökologischen Landbau. Er ist eine bewährte Anbaumethode, die durch die Kleinbauern auf der Erde noch immer rund die Hälfte der Weltbevölkerung ernährt. Auch für die Landwirtschaft in Deutschland hat der ökologische Landbau Vorteile. Er erhält die Bodenfruchtbarkeit, schont das Grundwasser, fördert die Biodiversität, spart Energie und schafft nachhaltige Arbeitsplätze.

In den letzten Jahren hat der ökologische Landbau in Deutschland an Boden gewonnen. Ich möchte diesen sinnvollen Trend nicht nur fördern, sondern ein Landwirtschaftsmodell »Made in Germany« als ermutigenden Entwurf zur Welternährung globalisierungsfähig entwickeln.

Nachhaltige Regionalentwicklung: Vor dem Hintergrund der unterschiedlichen Ausgangssituationen auf der Erde sowie der Widerstände globaler Konzerne wird eine Weltstrategie der Nachhaltigkeit nur langfristig möglich sein. Es stellt sich daher die Frage, ob der notwendige Wandel zur nachhaltigen Entwicklung nicht aus den Regionen heraus erfolgen sollte.

Das Eduard Pestel Institut für Systemforschung e. V. hat deutschlandweit untersucht, wie resilient (krisenfest) Regionen sind. 18 verschiedene Indikatoren der Resilienz wurden dabei berücksichtigt wie zum Beispiel Bildung, Mobilität, landwirtschaftlich genutzte Fläche und sozialer Zusammenhalt. Das Ergebnis war eindeutig. Nicht internationale Wettbewerbsfähigkeit und Zentralisierung versprechen Zukunftsfähigkeit und -sicherung, sondern vielmehr regionale Strukturen und Gegebenheiten. Dezentrale Energieversorgung, soziale Netzwerke, Verfügbarkeit von landwirtschaftlichen Flächen und Arbeitsplätzen vor Ort helfen bei der Abfederung und Stabilisierung weit mehr.

Hierfür würde ich ein neues Programm der Regionalförderung auflegen und den langen Weg zur Nachhaltigkeit mit einem ersten Schritt testweise in Regionen beginnen.

Bleibt noch anzumerken, dass sich meine Philosophie der Führung des Kanzleramts an der Regel des heiligen Benedikt orientieren würde, die ich – leicht verändert und vereinfacht – wie folgt definieren möchte: »Der Kanzler entscheidet, nicht ohne seinen unabhängigen und kompetenten Beirat zu befragen, wobei in allen wesentlichen Bereichen der Bürger vorher zu Wort kommt.«

Mathias Bröckers

Drogen legalisieren – und zwar subito

Im Sommer 2011 veröffentlichte die »Global Commission on Drug Policy«, ein hochrangiges Komitee ehemaliger Staatspräsidenten und Politiker, den Report einer umfangreichen Untersuchung der internationalen Drogenpolitik, die im Auftrag der Vereinten Nationen durchgeführt worden war. Der Report kam zu dem Ergebnis, dass der »Krieg gegen Drogen« gescheitert ist – nicht ein bisschen und von Ausnahmen abgesehen, sondern global und auf der ganzen Linie.

So wenig überraschend dieses Ergebnis für jeden Beobachter der internationalen Drogenpolitik ist, so neu und überraschend waren die Deutlichkeit und Eindringlichkeit der Aussage, mit der die ehemaligen Staats-und Regierungschefs an ihre noch amtierenden Kollegen appellierten: »Die politischen Führer sollten den Mut haben, öffentlich zu äußern, was viele von ihnen sich privat längst eingestanden haben: Repressive Strategien werden das Drogenproblem nicht lösen, und der Krieg gegen Drogen kann nicht gewonnen werden.«

Obwohl man den Mitgliedern dieser Kommission – darunter ehemalige Präsidenten wie Henrique Cardoso (Brasilien), George Papandreou (Griechenland), Ernesto Zedillo (Mexiko), Jorge Sampaio (Portugal), Minister wie George Shultz (USA), Ruth Dreifuss (Schweiz), der ehemalige EU-Repräsentant Javier Solana (Spanien) und der Federal-Reserve-Chef Paul Volcker (USA) – weder ein hohes Verantwortungsbewusstsein noch fundierten Sachverstand absprechen kann und obwohl niemand die wissenschaftlichen Grundlagen ihrer Analyse bezweifelte, blieb ihr Appell weitgehend folgenlos. Nach wie vor neigen die meisten politischen Organe auf nationaler wie internationaler Ebene dazu, den von Richard Nixon 1972 ausgerufenen »war on drugs« unbeirrt weiterzuführen und jeder Debatte über Alternativen auszuweichen.

Fakt ist: Der Drogenkonsum steigt trotz der unzähligen Milliarden, die jährlich für die repressiven Strategien eingesetzt werden, permanent an – die von den Vereinten Nationen geschätzten Zuwachsraten betrugen zwischen 1998 und 2008 bei Opiaten 34 Prozent, bei Kokain 27 Prozent, bei Cannabis 8,5 Prozent. Diese dramatisch wachsenden illegalen Märkte werden weitestgehend vom organisierten Verbrechen beherrscht. Was in den Anbau- und Transferländern wie etwa Mexiko oder Afghanistan zu zunehmender Rechtlosigkeit und blutigen Bürgerkriegen führt. In den Konsumländern hingegen führt die Illegalität zur Ausbreitung von HIV und anderen gefährlichen Krankheiten sowie zur Verelendung der Konsumenten. Und last but not least werden Polizei und Justiz durch die aussichtslose Jagd nach Drogen von der Bekämpfung tatsächlicher Kriminalität abgehalten.

Alle diese mit Daten belegten Missstände und die daraus resultierende stetig wachsende Zahl von Todesfällen und Opfern werden von der aktuellen Politik in zynischer Beharrlichkeit ignoriert.

So stieg zum Beispiel die Zahl der wegen Betäubungsmitteln eingeleiteten Strafverfahren in Deutschland von 63 000 (im Jahr 1982) auf 283 000 (2005). Doch diese mehr als vervierfachte strafrechtliche Repression hat keineswegs zu einer Reduktion beim Konsum von Betäubungsmitteln geführt. Und ebenso hat die bis 2008 wieder auf 235 000 Verfahren zurückgegangene strafrechtliche Verfolgung nicht zu einem signifikanten Anstieg im Konsum geführt. Was schon diese wenigen Zahlen deutlich machen – dass sich die Drogennachfrage mit Maßnahmen von Polizei und Justiz nicht regulieren lässt –, gilt ebenso für das Drogenangebot. Richteten sich 1982 noch 40 Prozent der eingeleiteten Strafverfahren gegen Produzenten und Händler illegaler Substanzen, waren es 2005 nur noch 30 Prozent. Das heißt, bei sieben von zehn Verfahren besteht die »Kriminalität« der Delinquenten allein im Konsum. Und zwar im wesentlichen dem von Cannabis. Bei den 283 000 Verfahren ging es in über 177 000 Fällen um Marihuana oder Haschisch.

Wäre das Ergebnis dieser massiven Steigerung der Strafverfolgung seit Beginn der 1980er Jahre nur gleich null, könnte man sie noch als sinnlose Verschwendung von Steuergeldern abtun. Doch da das Ergebnis tief im negativen Bereich liegt – 1982 hatten 15 Prozent der 18- bis 24-Jährigen Erfahrungen mit Cannabis, 2005 waren es 40 Prozent –, ist diese Verschwendung nicht nur sinnlos, sondern ganz offensichtlich auch noch kontraproduktiv, destruktiv und schlichtweg absurd. Denn sie stellt nicht nur eine völlig nutzlose und teure Beschäftigungstherapie für Polizei und Justiz dar – die wahrlich Wichtigeres zu tun hätten, als Kiffer zu jagen. Sie führt vielmehr zu zerstörerischen Eingriffen in die Biographien, Lebens- und Berufsentwicklung vor allem junger Menschen, denen das Stigma des Straftäters aufgedrückt wird, obwohl sie niemanden geschädigt haben außer allenfalls sich selbst.

Wenn man dennoch von Politikern jeder Couleur immer wieder gebetsmühlenartig hört, dass eine Lockerung der Drogenrepression ein »falsches Signal« sei, gilt es künftig, ihnen den Mund umgehend zu verbieten. Denn in welche fatale Richtung ihre Politik der Prohibition führt, ist offensichtlich. Der »Krieg gegen Drogen« leistet dem selbstverständlichen Interesse der Staaten, ihre Bürger vor den schädlichen Folgen bestimmter Substanzen zu schützen, einen wahren Bärendienst. Es werden mehr Drogen konsumiert als zu seinem Beginn; die Preise für Heroin und Kokain sind seitdem deutlich gesunken, und die gigantischen Gewinnspannen bei illegalisierten Drogen machen das Geschäft für die organisierte Kriminalität lukrativer denn je.

Wer aber sorgt dafür, dass ein Ende der strafrechtlichen Drogenbekämpfung nach wie vor als Tabu gilt und Politiker erst dann den Mut aufbringen, dagegen anzugehen, wenn sie – wie die oben zitierten Mitglieder der »Global Commission on Drug Policy« – von ihren hohen Staatsämtern bereits zurückgetreten sind? Warum behindert ein Plädoyer für eine vernünftige, schadensmindernde Drogenpolitik politische Karrieren, statt sie zu befördern, weil sie gegen einen unsäglichen Missstand vorgehen?

Dass an der ökonomisch irrationalen und gesundheitspolitisch fehlgeschlagenen Prohibition bestimmter Drogen immer noch festgehalten wird, verdankt sich letztlich jenen mächtigen Einflussgruppen, die mit wechselnden Drogenbaronen und Mafiabossen seit Jahrzehnten kooperieren und dies ebenso lange schon offiziell abstreiten: den Geheimdiensten und den Militärs. Von den Kriegen in Vietnam und Südostasien über Südamerika und den Balkan bis in den aktuellen Afghanistankrieg, wo die Bundeswehr die größte Opiumproduktion aller Zeiten nicht bekämpft, sondern bewacht, lässt sich diese verdeckte Kooperation nachzeichnen. Verbündeten Warlords und Milizen wird zwecks Finanzierung dieser Kriege der Drogenhandel ermöglicht, während die Verschärfung der Verfolgung zu Hause aus einfachen Agrarprodukten die lukrativsten Waren überhaupt macht: Aus Cocablättern oder Mohnsaft im Wert von 1 000 Dollar werden so im Endverkauf Schwarzmarktprodukte im Wert von 100 000 Dollar. Allein der »Krieg gegen Drogen« macht diese exorbitanten Gewinnspannen möglich, dank derer dann ganz andere Kriege finanziert werden können. Diese außen- und geopolitische Funktion des »war on drugs« ist der offensichtlich entscheidende Faktor, der bis heute eine Reform der Drogenpolitik verhindert – und nur das Verschweigen dieser Funktion und das Vertuschen dieses Zusammenhangs ermöglichen den »Gutmenschen«-Gestus, mit dem die Vertreter der Drogenrepression ihre destruktive Politik immer weiter verkaufen.

Zugleich wird beharrlich verschwiegen, welche gesundheits- und sozialpolitischen Erfolge sämtliche schadensmindernden Maßnahmen in Sachen Drogen aufzuweisen haben. Dass in den Niederlanden, die den Cannabisverkauf in Coffeeshops seit Jahrzehnten tolerieren, weniger Jugendliche zum Joint greifen als in Deutschland; dass in der Schweiz die Zahl der Heroinabhängigen deutlich gesunken ist und deren Gesundheitsprobleme dramatisch zurückgegangen sind, seit man Konsumräume (»Fixerstübli«) für sie einrichtete und sauberes Heroin statt (ebenso suchterzeugender) Ersatzstoffe wie Methadon anbot; dass in Portugal, wo 2001 die Entkriminalisierung des Gebrauchs sämtlicher Drogen beschlossen wurde, der Konsum in allen Altersgruppen und bei allen Substanzen zurückgegangen ist: Alle diese erfolgreichen Alternativen werden beharrlich totgeschwiegen, um die Politik des »Kriegs gegen Drogen« unbeirrbar und ohne Rücksicht auf Verluste weiterzuführen.

Deshalb kann – im Namen der Vernunft und aller an Gesundheits- und Jugendschutz interessierten Bürgerinnen und Bürger – die Parole in Sachen Drogenpolitik nur lauten: »Legalisieren – und zwar subito!« Was Cannabis betrifft, haben die US-Staaten Washington und Colorado im November 2012 als erste Staaten der Welt diesen Beschluss bereits gefasst – mit vorbildlichen Gesetzen, die den Anbau für den Eigenbedarf erlauben und auch Lizenzvergaben für den kommerziellen Anbau und den Verkauf an Erwachsene regeln, verbunden mit einem strikten Werbeverbot sowie mit einer Vorschrift, für welche Präventions-, Bildungs- und Gesundheitsaufgaben die Steuereinnahmen aus diesem Verkauf verwendet werden müssen.

Was die Substanzen Heroin und Kokain betrifft, müssen sie wieder dahin zurück, wo sie einst herkamen: in die Apotheken und Gesundheitsämter – wobei Letzteren die Versorgung der bereits Abhängigen mit sauberem Stoff obliegt und Neukonsumenten die Substanz auf Rezept in den Apotheken beziehen können. Beides verbunden mit einer ärztlichen Beratung, die auf mildere Alternativen zu diesen »Turbodrogen« verweist, etwa Opiumtinktur oder Zubereitungen aus Cocablättern. Dass manche Menschen süchtig werden, lässt sich auch mit dem schärfsten Strafrecht nicht verhindern. Die massiven »Kollateralschäden« aber lassen sich durch eine Reform der Gesetze vermeiden.

Eine Reform der Betäubungsmittelgesetze in der beschriebenen Richtung ist machbar und verstößt auch nicht gegen internationale Vereinbarungen, nach denen jedes Land das Recht hat, in Notfällen eigene, nationalstaatliche Maßnahmen zu ergreifen. Und ein solcher Notstand ist ohne Frage gegeben, wenn die Justiz mit Hunderttausenden sinnloser Verfahren überlastet ist, wenn die Bundeswehr mit deutschem Steuergeld die größte Heroinproduktion aller Zeiten absichert, wenn die in Deutschland konsumierten Drogen in mittelamerikanischen Ländern zu blutigen Bürgerkriegen führen und wenn der Markt für illegale Drogen weltweit jährlich 500 Milliarden Dollar generiert, die in die Taschen organisierter Krimineller und ihrer Geldwäschebanken fließen. Wer angesichts dieser Zustände weiter auf dem Bestehenden beharrt und als Politiker nichts dagegen tut, kann mit Fug und Recht als Handlanger dieser Kriminellen bezeichnet werden. Verbrecher aber sind als Volksvertreter definitiv ungeeignet – sie gehören nicht ins Parlament, sondern ins Gefängnis. Es sei denn, sie springen morgen über ihren Schatten, brechen mit dem Tabu und setzen sich mit aller Kraft für einen Friedenschluss im »Krieg gegen Drogen« ein.

Ines Pohl

Unheimliches Selbstbewusstsein

»Wir können und wollen alles.« So viele junge Frauen in Deutschland sehen selbstbewusst und einigermaßen hoffnungsvoll in ihre Zukunft. Als in Westdeutschland sozialisierte Mittvierzigerin traut man seinen Ohren kaum und raunt der Altersgenossin gelegentlich zu: »Wir waren anders.« Unsere Altersklasse hat sich nämlich viel zu oft entschieden zwischen Erfolg oder Familie. Und nicht für alle war dieses Entweder-Oder eine gute Wahl.

Die zehn oder 20 Jahre jüngeren Frauen lehnen es indessen mehrheitlich ab, vor die Wahl gestellt zu werden, entweder Mutter zu sein oder karriereorientiert. Sie entwerfen sich als selbstbestimmte Individualistinnen. Sie lernen, sie schließen ab, sie bewerben sich, ziehen früher von zu Hause aus als ihre männlichen Altersgenossen, sie kriegen den ersten Job und wollen gleichberechtigte Partnerschaften. Und meist auch Familie. Schluss mit der Jammerei: »Ich bin kein Opfer.«

Auch das ist ein beliebter Satz in der Leistungs- und Wissensgesellschaft. Vom kollektiven Minderwertigkeitskomplex, der die zweite Frauenbewegung noch umtrieb, ist in der veröffentlichten Meinung kaum noch etwas zu spüren. Sexuelle Selbstbestimmung? Wenn man sie fragt, die Frauen zwischen 20 und 30 Jahren, so wie es die Sozialwissenschaftlerin Jutta Allmendinger und ihre MitarbeiterInnen für ihre Studie *Frauen auf dem Sprung* (2009) taten, dann geben diese zu Protokoll, dass sie damit kein Problem haben. Und wirken glaubwürdig.

Heiratsmarkt bleibt attraktiv

Doch schon ein flüchtiger Blick auf die Arbeitswelt zeigt, dass dieses Selbstbewusstsein in fast unheimlichem Kontrast zu den dortigen Verdienst- und Aufstiegsmöglichkeiten für Frauen und Männer steht. Gute Noten hin oder her, nahezu jede zweite deutsche Frau arbeitet Teilzeit, das heißt bis zu 18,5 Stunden die Woche, häufig unter ihrer Qualifikation. (Erfasst werden in diesen Statistiken nur die abhängig Beschäftigten.) Die historisch größte weibliche Präsenz auf dem deutschen Arbeitsmarkt erklärt sich zu einem Gutteil damit, dass Frauen nicht nur Teilzeit, sondern inzwischen auch vielfach in Minijobs arbeiten. Die Vollzeittätigkeit entwickelte sich in den letzten Jahren bei Frauen rückläufig. Mit Teilzeit aber lässt sich kein gutes Geld machen und schon gar keine Karriere, die Frau bleibt Zuverdienerin.

Gleichzeitig wird die Absicherung über die Ehe prekär – denn die Neuregelung der Unterhaltszahlungen erwartet von der Exehefrau, dass sie drei Jahre nach der Geburt eines Kindes wieder ökonomisch auf eigenen Füßen steht. Trotzdem, Jutta Allmendinger brachte es unlängst und auch etwas ungehalten in der *taz* auf den Punkt: Der Heiratsmarkt ist noch immer finanziell attraktiver für die Mehrheit der Frauen als der Arbeitsmarkt. Der Rentenspiegel spricht eine grausame Sprache: »Die auf der Erwerbstätigkeit des Mannes basierende Witwenrente betrug 2011 in Westdeutschland 226 Euro mehr als die selbst erarbeitete Rente (nämlich 561 Euro im Monat).«

Relevante Institutionen in Deutschland arbeiten erkennbar daran, dass Frauen ökonomisch von ihren Familien und Partnern unabhängig werden. Allen voran verlangt das Verfassungsgericht die ökonomische Selbstverantwortung insbesondere der Mütter und schafft dafür die juristischen Voraussetzungen. Und spiegelt mit dieser Entscheidung das kollektive Selbstverständnis von Deutschlands Mitte. Gleichzeitig weigern sich die entscheidenden AkteurInnen in der Politik weitgehend, ihrerseits die politisch nötigen Weichenstellungen vorzunehmen, um die gewünschte ökonomische Selbstverantwortung zu ermöglichen. Sobald es nicht mehr um Worte, sondern um Geld geht, werden Kitaplätze für alle als Luxus verkannt und nicht als längst überfälliger Modernisierungsschritt gesehen, um Deutschland zukunftsfähig zu machen. Auch diese Haltung reflektiert das kollektive Selbstverständnis der Mitte: Kinderbetreuung und überhaupt Pflege sind nach wie vor Frauensache, also unbezahlte Arbeit. Deutschland befindet sich damit im Zustand einer unerträglichen Doppeldeutigkeit: An der Oberfläche ist das mit der unabhängigen Frau eine ausgemachte Sache. Strukturell aber ist das Land noch nicht einmal halb so emanzipiert, wie es denkt, dass es das wäre. Das bringt Frauen als Kollektiv – trotz der Bildungszugewinne – in eine neue Schieflage.

Und die Politik? Sie lässt sich Zeit und findet, dass sie andere Probleme hat. Die Chancengleichheit hat für sie keine Priorität, auch wenn es parteiübergreifend und geschlechterübergreifend zum guten Ton gehört, genau die zu fordern. Allein die CSU schert noch offen aus diesem verlautbarten Konsens und will die Frau und das Kind als Zwangsgemeinschaft zu Hause wissen und so die Rolle des Mannes als Familienvorstand und Vertreter der Öffentlichkeit schützen. Und bekommt Applaus – und Ärger mit der Industrie. So entschieden und erfolgreich der Unternehmerverband die Quote für Frauen in Führungspositionen ablehnt, so laut und erfolglos fordert er inzwischen eine verlässliche Kinderbetreuung. All die gut ausgebildeten Frauen sollten dem Arbeitsmarkt, also ihnen, auch zur Verfügung stehen. Schließlich will man auswählen können und nicht jeden Neuankömmling kostspielig nachqualifizieren müssen. Stichwort demographischer Wandel. Bislang hat die Politik diese Forderung nicht allzu sehr beeindruckt. Es ist seltsam.

Die Agenda

Wir haben es mit einem krassen Denkfehler zu tun: Es gibt einen öffentlichen Willen zur Emanzipation, aber sie soll nichts kosten dürfen. Emanzipation soll gratis sein. Jede Unternehmerin weiß: Die Einführung eines neuen Produktes kostet Geld. Ohne Investition, ohne Risiko kein Fortschritt, also auch kein Gewinn. Es ist Zeit, in Gleichberechtigung zu investieren. Die Schuldenbremse wird aufgehoben.

Folgendes steht auf der Agenda: Minijobs werden umgehend abgeschafft, der Mindestlohn auf neun Euro brutto pro Stunde angehoben, das Ehegattensplitting wird ersatzlos gestrichen. Damit sind die wesentlichen Fehlanreize für Frauen, sich in die Teilzeitfalle zu begeben, Geschichte. Jedes Kind hat ab dem ersten Lebensjahr ein Anrecht auf einen kostenlosen Kitaplatz, die Ganztagsschulen werden eingeführt, und zwar nicht als Verwahranstalt, sondern mit qualitativ hochwertiger Betreuung. Auch in der Provinz. Die Länder, die keine Kinderbetreuung zur Verfügung stellen, müssen mit empfindlichen Strafzahlungen rechnen. Die Umsetzung von Gesetzesvorgaben zu verschleppen wird auf diese Weise teurer als der Ausbau der Infrastruktur. Die 30-Stunden-Woche bei vollem Lohnausgleich inklusive Inflationsausgleich wird eingeführt. Die Vermögenssteuer steigt, Steuerbegünstigungen für bestimmte Berufsgruppen werden erneut geprüft, die Sonderstellung von Hoteliers rückgängig gemacht. »Viele Regelungen im Steuer-, Sozial- und Arbeitsrecht gehen von der lebenslangen Ehe und der traditionellen Rollenverteilung aus. Die modernen, vielfältigen Formen partnerschaftlicher und individueller Lebensführung erfordern jedoch flexible, von traditionellen Rollenbildern losgelöste rechtliche Rahmenbedingungen.« Das steht schon heute im Gleichstellungsbericht der Bundesregierung, und zukünftig wird diese Erkenntnis nicht mehr ignoriert.

Ganz wesentlich ist auch die Aufwertung von »weiblicher« Arbeit. In einer älter werdenden postindustriellen Gesellschaft werden in der Dienstleistungs-, Gesundheits- und Pflegebranche neue Arbeitsplätze entstehen, die für Männer und Frauen attraktiv sein können. Allerdings nur, wenn sie eine eigenständige wirtschaftliche Existenz ermöglichen. Die Löhne müssen hier drastisch erhöht werden. Auch muss es für Privatleute eine Lohnersatzleistung geben, und zwar nicht nur, wenn sie ihre Angehörigen pflegen, sondern auch, wenn sie nachweislich ihre Freundinnen oder Freunde pflegen. Es ist Aufgabe der Politik, ein Leben in Verbindung zu fördern.

Die 40-Prozent-Quote nach dem Vorbild von Norwegen für Aufsichtsräte und Vorstände wird gesetzlich verankert. Die Boni fürs Spitzenmanagement per Gesetz gedeckelt und besteuert. Gerade im öffentlichen Dienst werden Frauen und aktive Väter besonders ge- und befördert, und sämtliche bereits vorhandenen Maßnahmen für das Gender Mainstreaming verlassen die Schublade und kommen endlich zur Anwendung. Die öffentliche Hand vergibt Aufträge insbesondere an geschlechtergerecht arbeitende Unternehmen. Frauenfreie Führungsebenen wirken sich also unmittelbar geschäftsschädigend aus.

Nur wenn tatsächlich die Kinderbetreuung ausgebaut, die staatlich subventionierte Teilzeitarbeit von Frauen abgeschafft, die Arbeitszeit insgesamt reduziert und ein Mindestlohn eingeführt wird, ist ein gutes Leben für alle prinzipiell möglich. Wichtig ist auch, dass die gegenwärtige Spaltung in der Diskussion aufgehoben wird: Momentan interessieren sich die StreiterInnen für die Quote wenig für die Frauen (und Männer), die an der Kasse sitzen. Geschlechtergerechte Politik darf aber nicht unter der Hand zur Klassenpolitik werden. Sie muss sich für Vielfalt, Integration, ja für Emanzipation im eigentlichen Sinn einsetzen. Ansonsten verharren wir beim gegenwärtigen Status quo.

Alles zu teuer, sagen Sie? Der volkswirtschaftliche Verlust, der mit der Nichtbeschäftigung von gut ausgebildeten Frauen verbunden ist, geht in die Milliarden.

Wolfgang Lieb

Wir leisten uns weniger, als wir leisten könnten

Im Jahre 2008 forderte Kanzlerin Angela Merkel: »Wir müssen die Bildungsrepublik Deutschland werden!«[1]

Von einer »Republik«, in der alle Bürgerinnen und Bürger gleiche Rechte und vor allem auch gleiche Chancen haben, sind wir in Sachen Bildung jedoch weit entfernt. Im Jahre 2013 leben wir bildungspolitisch noch in einer Erbmonarchie oder bestenfalls in einem Ständestaat. In kaum einem anderen vergleichbaren Land hängen die Bildungschancen der Kinder so sehr vom Status[2] ihrer Eltern ab wie bei uns. Die UNO[3], die OECD (Organisation für wirtschaftliche Zusammenarbeit und Entwicklung)[4] sowie die diversen Pisa-Studien[5] bescheinigen Deutschland, eines der »sozial selektivsten Bildungssysteme« zu haben.

Nahezu jeder zehnte (7,5 Millionen) Einwohner in Deutschland kann nicht richtig lesen und schreiben. Rund 60000 Jugendliche verlassen Jahr für Jahr die Schule ohne Abschluss. Hauptschulen werden mehr und mehr zu Restschulen für Kinder aus armen und benachteiligten Elternhäusern und vor allem auch aus Familien mit Migrationshintergrund. Gerade einmal 9,2 Prozent der Gymnasiasten haben Eltern mit Volks- beziehungsweise Hauptschulabschluss. Selbst bei gleicher Leistung hat das Kind eines Akademikers gegenüber einem Arbeiterkind eine dreimal so große Chance, ein Gymnasium zu besuchen.[6] Die Parole »Leistung muss sich lohnen« hat gerade auch bei den Bildungschancen kaum einen Bezug zur Realität. Die Chancen, die allgemeine Hochschulreife zu erreichen, sind für Schüler aus gebildeten Elternhäusern noch immer etwa siebenmal höher als für Schüler aus bildungsfernen Familien.

Hauptschulabsolventen haben gegenüber Realschülern oder gar Gymnasiasten zunehmend geringere Chancen, einen Ausbildungsplatz in der dualen Berufsausbildung zu bekommen. Vor allem sie gehören zu den 300 000 Jugendlichen, die keine Lehrstelle haben und in der »Warteschleife« des sogenannten Übergangsbereichs geparkt werden. Rund 2,2 Millionen Menschen im Alter von 20 bis 34 Jahren – 15 Prozent dieser Altersgruppe – haben keinen Berufsabschluss und somit nur geringe Chancen, einen auskömmlichen Arbeitsplatz zu finden. Von 100 Akademikerkindern studieren 71, von 100 Kindern aus Nichtakademikerfamilien nur 24. So pflanzen sich soziale Ungleichheiten über Generationen hinweg fort.

Chancenungleichheit ist zugleich eine Ursache für den abnehmenden gesellschaftlichen Zusammenhalt, für das zunehmende politische Machtgefälle, und sie gefährdet den wirtschaftlichen Wohlstand. Chancenungleichheit und soziale Ungleichheit bedingen einander. Wenn nichts dagegen unternommen wird, dass der Fahrstuhl für eine immer größere Zahl von Menschen nach unten geht, nimmt auch die Gleichheit der Bildungschancen immer mehr ab. Und umgekehrt gilt: Je größer die soziale Ungleichheit, desto größer wird der Aufwand für die Herstellung gleicher Bildungschancen (Friedhelm Hengsbach).

Ohne mehr soziale Gerechtigkeit wird es auch keine Chancengerechtigkeit in der Bildung geben. Dennoch gilt der Satz: *Bildung ist nicht alles, aber ohne Bildung ist alles nichts.* Alle reden zwar davon, dass Bildung Priorität haben müsse, doch in der politischen Praxis geschieht viel zu wenig.

Im Herbst 2008 trafen sich unter dem Vorsitz der Kanzlerin Bund und Länder zu einem groß angekündigten »Bildungsgipfel« in Dresden.[7] Der Berg kreißte und gebar eine Maus. Immerhin einigten sich die Kanzlerin und die Ministerpräsidenten der Länder auf ein paar konkrete Zwischenziele: Für 35 Prozent der Kleinkinder sollten in diesem Jahr Krippenplätze bereitstehen. Die Quoten der jungen Menschen ohne Schul- und ohne Berufsabschluss sollten bis zum Jahr 2015 halbiert werden. Deutlich mehr Menschen müssten sich weiterbilden oder studieren können. Ein weiteres wichtiges Ziel war, die Ausgaben für Bildung und Forschung der öffentlichen Hände und der Wirtschaft auf zehn Prozent des Bruttoinlandsprodukts zu steigern.

Die Bilanz nach nunmehr fast fünf Jahren ist enttäuschend[8]:

Beim Ausbau der Kinderbetreuung fehlen mehr als 140 000 Plätze und weit über 20 000 Betreuer/innen.

Von einer Halbierung der Quote der Schulabbrecher sind wir weit entfernt. Dieser Anteil konnte gerade einmal von 7,4 auf 6,2 Prozent abgesenkt werden. Auch die Zahl der jungen Erwachsenen ohne Berufsabschluss verringerte sich nur unwesentlich von einem Anteil von 17,2 auf 15,9 Prozent. Die Beteiligung der Erwerbsbevölkerung an Weiterbildungsmaßnahmen sank sogar von 44 Prozent auf 42 Prozent. Bei der Studienanfängerquote wurde der Zielwert des »Bildungsgipfels« – aufgrund doppelter Abiturientenjahrgänge, der Aussetzung der Wehrpflicht sowie fehlender Berufsausbildungsplätze – zwar überschritten, doch die Aufnahmekapazitäten der Hochschulen wurden nicht entsprechend erhöht.

Das Zehn-Prozent-Ziel war von Anfang an nicht gerade ambitioniert. Die Bildungsausgaben sind zwar gestiegen, allerdings nicht mehr als das Bruttoinlandsprodukt. Mit einem Anteil von nunmehr 5,3 Prozent in Relation zur Wirtschaftskraft liegen die öffentlichen Bildungsausgaben nach wie vor deutlich unter dem OECD-Durchschnitt (von 6,2 Prozent). Damit liegt die Quote immer noch unter dem Stand von 1995. Um mit den Spitzenreitern in der OECD gleichzuziehen (Dänemark: 8,3 Prozent; Norwegen und Schweden: sieben Prozent) wären bis zu 80 Milliarden Euro mehr erforderlich – jährlich!

Was tun? Die Bildungspolitik muss mehr Chancengleichheit schaffen. Das heißt aber eben nicht nur formale »Zugangsgleichheit« nach dem Motto »Jeder hat seine Chance«, sondern es müssen die tatsächlichen Voraussetzungen für mehr Gerechtigkeit geschaffen werden. Dazu gehört in erster Linie der Abbau gesellschaftlicher Ungleichheit, also die Bekämpfung von Arbeitslosigkeit und Armut, von Niedriglöhnen wie auch prekären Arbeitsverhältnissen. Erst dadurch wird gesellschaftliche Teilhabe ermöglicht.

In der aktuellen politischen Debatte ist Bildung eine private Investition in das persönliche »Humankapital« zur Erhöhung der eigenen Bildungsrendite. Hier gilt es, einen Paradigmenwechsel herbeizuführen und zu einem gesellschaftlichen Konsens zurückzufinden, der von den 1970er Jahren bis zur Jahrtausendwende galt: Bildung ist das Fundament demokratischer und kultureller Entwicklung. Sie darf nicht zu einer marktgängigen Ware werden, sondern muss ein öffentliches, gemeinnütziges Gut bleiben.

Die bestehende Chancenungleichheit muss abgebaut werden. Dazu gehören entsprechende Förderangebote und Anreize für die sozial benachteiligten Schichten. Dies könnten zum Beispiel ausreichende und kostenfreie Plätze in Kindertagesstätten und Kindergärten oder auch integrationsfördernder Sprachunterricht schon ab dem Kleinkindalter sein. Wir brauchen qualitativ hochwertige Betreuung und Konzepte in der (vor-)schulischen Bildung, wie sie in skandinavischen Ländern eine Selbstverständlichkeit sind. Allein um solche Standards zu erreichen, müsste die öffentliche Hand drei Prozent des Bruttoinlandsprodukts mehr investieren[9].

Außerdem brauchen wir statt Studiengebühren eine Erhöhung des BAföG. Am besten wäre eine allgemeine Studienhilfe, wie sie in der Berufsbildung üblich ist. Ein »Studienhonorar« wäre sogar leicht finanzierbar, wenn man die Steuerfreibeträge sowie die Kindergelder und sonstige familienbezogenen steuerlichen Erleichterungen in einen Topf würfe und diese Gelder statt an die Eltern an die (erwachsenen) studierenden Söhne und Töchter ausbezahlte.

Es muss endlich Schluss damit sein, dass nach der Grundschule darüber entschieden wird, welche Bildungs- und Berufskarriere eingeschlagen und welche gesellschaftliche Stellung erreicht werden kann. Wir brauchen längeres gemeinsames Lernen und dabei mehr individuelle Förderung der unterschiedlichen Talente – ganztägig. Es müssten gerade diejenigen gefördert werden, die Förderung brauchen.

Wir brauchen nicht nur das Angebot, sondern einen Rechtsanspruch auf das Nachholen eines Schulabschlusses.

Und nicht zuletzt: weg mit dem »Kooperationsverbot« der Föderalismusreform 2006! Die bildungspolitische Kleinstaaterei muss ein Ende haben. Schon um der gleichwertigen Lebensverhältnisse willen müssen sich Bund und Länder bei der Finanzierung der Bildung zusammentun und zu einer vernünftigen Aufgabenverteilung zwischen den staatlichen Ebenen kommen. Fast drei Viertel der öffentlichen Bildungsausgaben lasten auf den Ländern, etwa ein Fünftel auf den Kommunen. Die meisten Länder sind höher verschuldet als der Bund, und jede dritte Kommune steckt in der Schuldenfalle. Da ist es geradezu absurd, dass die Bundesebene, die die größte Steuergestaltungsmöglichkeit hat, sich nur mit einem Bruchteil von sechs bis sieben Prozent an der gesamtgesellschaftlichen Aufgabe der Finanzierung der Bildung beteiligt.

Nur ein Kooperations*gebot* etwa für einheitliche Bildungsstandards könnte dem Wildwuchs der immer stärker selektierenden Schulsysteme Einhalt bieten. Gemeinsame Investitionen nicht nur in Bau und Ausstattung von Bildungseinrichtungen, sondern auch in Förder- und Kompensationsprogramme für benachteiligte Kinder sind nur gesamtstaatlich zu bewältigen.

Aber wie kann sich unser Land die zusätzlichen Milliarden leisten? Darauf gibt es eine einfache Antwort: Wir leisten uns weniger, als wir uns leisten können und müssen. Das Geld muss zum einen von denjenigen kommen, die dank einer guten Bildung ein hohes Einkommen erzielen, und zum anderen von Unternehmen, die durch die Qualifikation ihrer Beschäftigten hohe Profite erzielen. Wir brauchen eine höhere Besteuerung der Bildungsgewinner, jetzt.

Katrin Rönicke

Starke Kitas – starke Familien

»Wer das erste Knopfloch verfehlt,
kommt mit dem Zuknöpfen nicht zu Rande.«
Johann Wolfgang von Goethe

Die ersten drei Jahre im Leben eines Menschen sind die wichtigsten. Das hören und lesen wir immer und überall. Psychologie, Neurobiologie und Erziehungswissenschaft sind sich hierin einig. In dieser Zeit lernen Menschen das Sprechen, sie fassen Vertrauen zu anderen, sie stehen im wahrsten Sinne des Wortes auf den eigenen Beinen, und ihr Sozialverhalten prägt sich in dieser Phase tief in sie ein. Basierend auf der Güte ihrer Beziehungen. Wer in dieser Zeit mit Kindern lebt und arbeitet, der hat in seinen Händen ein fragiles »Gut«. Früher waren dies vor allem die Eltern, in erster Linie die Mütter, denn in Westdeutschland war es lange Zeit unüblich, Kinder unter drei Jahren außerhalb der Familie zu betreuen. Mittlerweile, so scheint es, laufen wir Gefahr, ins andere Extrem zu fallen: Immer mehr Plätze in Kitas und Krippen für jedes Kind können dazu führen, dass tendenziell die ersten sechs Lebensjahre der Kinder zur »Vorschulzeit« werden. Und wo bleibt die Kindheit?

In dieser Zeit werden mehr und mehr Kinder in Kindertageseinrichtungen und von Tagesmüttern betreut. Sie alle kümmern sich um ein Gut, dessen bestmögliche Entfaltung im Interesse aller liegt. Der Staat und die ihn lenkende Politik betonen stets, wie wichtig ihnen dieses Gut sei. Doch in Wahrheit leiden viele Kinder zunehmend an dem Umgang, den die Gesellschaft für sie ersonnen hat. Vor lauter Organisiertwerden (Mama und Papa müssen arbeiten) und Funktionierenmüssen (der Tagesablauf in der Gruppe darf nicht gestört werden) sind sie gestresst. Einzelne Einrichtungen haben sich darauf eingestellt: Mit sogenannten Snoezel-Räumen und Entspannungsübungen versuchen sie, Ruhe und Entlastung zu ermöglichen. Und viele Kinder brauchen das. Sie sind bereits ein Spiegel von uns Erwachsenen geworden, die wir auch stets gestresst und gehetzt sind. Der Cortisol-Spiegel im Blutkreislauf von vielen Krippenkindern, so merken Entwicklungspsychologen seit Jahren an, gibt Hinweise darauf, dass sie vor Ort gestresst sind.

Die Politik hat solche Ergebnisse nicht weiter beachtet. Zwar hat Ursula von der Leyen den Anspruch auf einen Krippenplatz für unter Dreijährige durchgesetzt, doch neben diesem quantitativen Vorstoß gibt es keine weitere Befassung mit der qualitativen Ausgestaltung. Bildung ist ja Ländersache, und Vorschule obliegt den Kommunen, es gibt doch das Kooperationsverbot. Nicht unsere Baustelle, sagen die Bundespolitiker. Sie interessieren sich somit auch nicht für die Belange kleiner Kinder. Allenfalls die Familienministerin lässt hin und wieder Pressemitteilungen verbreiten, in denen Floskeln stehen, ohne konkrete politische Anstrengungen erkennen zu lassen. Wie auch – es ist ja nicht ihr Kompetenzbereich. Bundespolitik, das heißt in erster Linie Rettung von Banken und Stabilisierung der Wirtschaft. Es wird viel Geld für Großprojekte ausgegeben, die meistens hinterher mehr kosten als vorher vereinbart. Und natürlich fließen Gelder in die Spitzenforschung und die Wissenschaft, die den *Standort Deutschland* als überlegen über die anderen Standorte in der Welt dastehen lassen soll. Dabei kaschieren wir, wie wir mit unseren Kindern, mit alten Menschen, mit Pflegebedürftigen und mit sozial Schwachen umgehen: Wir sparen zuallererst bei ihnen.

Eine solche Politik bleibt nicht folgenlos. Im Vorschulbereich erleben wir überforderte und schlecht qualifizierte Erzieherinnen, die sich in einem hanebüchenen Betreuungsschlüssel um kleine Kinder kümmern. Zwar wachsen langsam (meist private) Erzieherschulen und Ausbildungsgänge heran, in denen eine moderne und zeitgemäße Pädagogik gelehrt wird. In denen der Umgang mit dem zunehmenden Stress der Kinder, mit brüchigen Familienverhältnissen (jede zweite Ehe wird geschieden) und mit neurologischen Besonderheiten wie ADHS und Asperger thematisiert wird. Doch diese Wege zum Beruf des Erziehers sind die Ausnahme. Die alte Schule existiert auch heute noch. Sie denkt eine hierarchische und nicht gleichwürdige[1] Beziehung zwischen Erziehern und Kindern.

So müssen manche Kinder bereits im zarten Alter von ein, zwei oder drei Jahren bis zu neun Stunden täglich funktionieren, damit ihre Eltern beide voll berufstätig sein können.[2] Essen, schlafen und spielen passieren in einem vorgegebenen Takt. Sicherlich gibt es auch »Montessori-orientierte« oder »reformpädagogische« Ansätze in Kitas, die eine offenere Struktur ermöglichen. Doch sie sind nicht die Regel. Für Individualität bleibt in vielen Kitas wenig Raum. Zwar wird man in den Broschüren und auf den Webseiten der meisten Einrichtungen die Floskel von den »individuellen Bedürfnissen und Eigenheiten jedes Kindes« lesen können. Wie diese allerdings im konkreten Alltag umzusetzen ist, bei dem zwei Fachkräfte 20 Kinder unter Kontrolle halten müssen, bleibt ein Rätsel. Eines, über das man lieber nicht so viel spricht. Denn schon rein finanziell ist ein Betreuungsschlüssel von eins zu vier, wie er vom Berufsverband der Kinder- und Jugendärzte gefordert wird, nicht umsetzbar. Kitas sind auf Kante genäht, es sei denn, sie werden von wohlhabenden Eltern finanziert.

Die Regelschlüssel im Vorschulbereich variieren zwischen eins zu sieben und eins zu zwölf. Das bedeutet, dass eine Erzieherin mit zwölf Kindern allein dastehen kann. Wo da die individuellen Bedürfnisse wohl bleiben? Manchmal ist es pure Überforderung, die dazu führen kann, dass man lieber zu rigiden Regeln, teilweise gar zu schwarzer Pädagogik greift. Viele Situationen im Alltag eines Erziehers verlangen nach einer Eins-zu-eins-Begegnung, das bedeutet, dass sich der Erzieher um ein einzelnes Kind kümmern muss. Oder zumindest müsste. Doch er kann nicht einfach dem Rest den Rücken zudrehen, muss präsent bleiben. In vielen Einrichtungen ist sowohl aufgrund einer mangelnden personellen Besetzung als auch aufgrund von mangelndem Wissen noch lange nicht selbstverständlich, was längst pädagogischer Standard sein könnte (und in vielen anderen Einrichtungen auch ist).

Hinzu kommt, dass das Personal in den Einrichtungen nicht immer ausgebildet ist. Viele Stunden werden von Honorarkräften, Praktikanten und Absolventen eines freiwilligen sozialen Jahrs gestemmt. Und die ausgebildeten Erzieher haben häufig frappierend wenig Ahnung davon, wie man eine empathische Beziehung zu kleinen Kindern aufbaut. In ihrer Ausbildung wird so etwas nirgends abgefragt. Die Eignung von Menschen für diesen Beruf wird nirgends getestet. Wer wollte das auch verlangen, jetzt, wo wir mit dem Rechtsanspruch auf einen Krippenplatz in Deutschland einen massiven Erziehermangel zu verzeichnen haben? Statt über bessere Qualifikation für Erzieherinnen dachte die Bundesagentur für Arbeit nun darüber nach, Arbeitslose in diese Einrichtungen zu bringen, damit die den Notstand auffangen. Kinder, so scheint es, sind ein gesellschaftliches Übel, das der Vollzeitarbeit von Mama und Papa im Wege steht. Das Bildungssystem der DDR wird viel geschmäht. Aber die BRD des Jahres 2013 schlittert geradewegs in ähnliche Strukturen.

Starke Kitas

Der Staat und die Politik, die ihn lenkt, müssen auf der Stelle handeln, um die Menschen, die sich um kleine Kinder kümmern, zu entlasten und zu qualifizieren. Ein Kitaplatz für jedes Kind kann nicht der erste Schritt sein. Zuerst müssen drei Schritte getan werden, die die Qualität aller Einrichtungen verbessern.

Der erste Schritt ist eine verbesserte Ausbildung des Personals dieser Kitas. Wer sich bis zu neun Stunden um kleine Leute kümmert, muss in der Lage sein, diesen kleinen Leuten eine stabile und sichere Beziehung zu bieten. Das sagen uns Neurowissenschaftler und Psychologen – und das spüren auch die meisten Eltern. Dazu sind sozialpsychologische und pädagogische Schulung und Sensibilisierung ebenso notwendig wie bei Therapeuten. Das Niveau der Ausbildung muss, ebenso wie bei Lehrern, akademisiert werden. Außerdem muss es Usus werden, dass wir jene, die diesen Ausbildungsweg anstreben, auf Herz und Nieren prüfen: Sind sie gefestigt und empathisch genug? Können sie das?

Mit der Ausbildung muss *zweitens* auch die Bezahlung verbessert werden. Berliner Erzieherinnen verdienen im Schnitt weniger als Berliner Müllmänner.

Und auch *der dritte Schritt* erfordert, wie die ersten beiden, eine starke Erhöhung der Budgets für Kindertageseinrichtungen: die Verbesserung des Betreuungsschlüssels. So sollte die Gruppengröße bei unter Dreijährigen auf maximal zwölf Kinder begrenzt sein. Innerhalb dieser Gruppengröße sollte für Säuglinge zwischen neun und zwölf Monaten ein Schlüssel von eins zu zwei, für Kleinkinder von zwölf bis 24 Monaten ein Schlüssel von eins zu drei und von 24 bis 36 Monaten ein Schlüssel von eins zu vier gelten. So fordert es der

Berufsverband der Kinder- und Jugendärzte. So machen es viele skandinavische Länder.

Das alles ist nicht Bundesangelegenheit? Richtig, aber das sollte es werden. Wir reden von allgemeingültigen Standards, die analog zu den Bildungsstandards für Schulen bundesweit implementiert werden können. Angesichts der erhöhten finanziellen Bedarfe und klammer Kommunalkassen ist es außerdem unerlässlich, das Kooperationsverbot zwischen Bund und Ländern zu lockern oder ganz abzuschaffen: Der Bund muss bei der Sicherstellung der Qualität in der Vorschulpolitik mit ins Boot!

Wenn wir diese drei Schritte geschafft haben, werden wir es auch schaffen, unsere Betreuungseinrichtungen für Vorschulkinder besser zu machen. Aber eine für jedes Kind – das werden wir so nur auf lange Frist realisieren können. Ein saurer Apfel, in den wir beißen müssen. Wenn wir jetzt auf »Masse statt Klasse« setzen, dann werden die Therapiestunden bei Kinder- und Jugendtherapeuten weiter ausufern. Viele Kinder können mit dem Tempo in Ganztagseinrichtungen schon jetzt nicht mehr Schritt halten, sie »funktionieren« nicht und werden so systematisch abgehängt. Deswegen kommen all diese Pläne nicht ohne eine zweite unerlässliche vorschulpolitische Komponente aus.

Starke Familien

Familien müssen als »echte« Betreuungsinstitutionen und wichtigste psychosoziale Ressource deutscher Vorschulpolitik endlich ernstgenommen werden. Dort, wo Betreuungsmöglichkeiten fehlen, sind sie es, die sich um Kinder kümmern: Väter, Mütter, Großeltern. Das Betreuungsgeld ist ein

Ablasshandel mit all diesen Menschen. Und entgegen allen Kritikern muss man leider sagen: Das ist eine teilweise notwendige Maßnahme. Nur ist die konkrete Umsetzung wenig hilfreich.

Dort wo Geld gebraucht wird, weil Eltern nicht arbeiten gehen können, wo Familieneinkommen von einzelnen erwirtschaftet werden müssen, dort muss der Staat helfen – also überall dort, wo Krippen- und Kitaplätze Mangelware sind. Sinkende Löhne machen diesen Eingriff notwendiger denn je. Jedoch sind 100 Euro (150 Euro ab 2014) in den meisten Fällen ein Witz, das ersetzt kein Einkommen, auch kein halbes. Hier müsste viel radikaler investiert werden: Für Eltern oder andere Familienangehörige, die für die Betreuung eines Kindes zu Hause bleiben und auf ein Einkommen verzichten, sollte es mindestens für die ersten zwei Jahre eine Art »verlängertes Elterngeld« auf der Basis des ursprünglichen Einkommens geben. Im Sinne der Geschlechtergerechtigkeit sollte diese Elternzeit von beiden Eltern zur Hälfte bestritten werden. Wenn es für über Dreijährige keinen Betreuungsplatz gibt, sollte der Staat verpflichtet sein, dieses Geld auch darüber hinaus zu zahlen. Und wer vorher wieder arbeiten gehen will, soll das tun. Diese Maßnahmen sind wichtig, weil es realistischerweise in absehbarer Zeit keine Betreuung für alle geben kann und sollte. Weil jetzt die Qualität vor der Quantität zählen muss. Und weil für alle Menschen mit Kindern sichergestellt werden muss, dass sie nicht in finanzielle Nöte geraten oder beim Jobcenter vorstellig werden müssen.

Familien stärken – dieses Anliegen ist gerade für all jene, die schon »Gäste« der Jobcenter sind, umso wichtiger. Denn in Deutschland sind über zwei Millionen Kinder von Kinderarmut betroffen. Hier kommt das Konzept der Kindergrundsicherung ins Spiel: Am steuerlichen Existenzminimum orientiert, sollen Familien pro Kind über 500 Euro monatlich erhalten – Geld, das eben nicht wie bislang das Elterngeld und das Kindergeld mit Hartz IV verrechnet wird. Durch die Besteuerung der Eltern verringert sich die Kindergrundsicherung je nach Einkommen. »Familien mit keinem oder nur geringem Einkommen erhalten so mehr Geld, das für die Versorgung der Kinder nötig ist. Familien mit hohem Einkommen bekommen dagegen genauso viel wie heute durch die maximale Entlastung durch die steuerlichen Kinderfreibeträge.« So der Kinderschutzbund, der für dieses Konzept eintritt. Diese beiden Stärkungsmaßnahmen für Eltern sind in besonderem Maße für Alleinerziehende wichtig.

Das alles bedeutet nicht (!), dass Familien alles auffangen sollen und können. Wir brauchen beides: starke Kitas und starke Familien. Doch etwa zehn Prozent aller Kinder leben in ungesunden Familien, das sagt auch der dänische Familientherapeut Jesper Juul unter Berufung auf statistische Erhebungen. Diese seien »in der Tat bessergestellt, wenn sie so viel Zeit außerhalb ihres Elternhauses wie möglich verbrächten«. Außerdem sehnen sich die meisten Kinder nach anderen Kindern. Sie lieben ihre Kitas, fühlen sich dort wohl und lernen dort oft mehr, als Eltern ihnen in der Lage wären beizubringen. Gute Kitas tun ihnen als Ergänzung zu starken Familien gut, sie können ihr Lebensraum werden und sie selbst stark machen.

Werner Seidel

Berufsausbildung: Im Prinzip gut, in der Praxis verbesserungswürdig

Hört man Lobenswertes über die berufliche Ausbildung in Deutschland, fällt meist der Begriff der *dualen Ausbildung*. Das ist die gleichzeitige Ausbildung an zwei Orten – Ausbildungsbetrieb und Berufsschule –, wie sie so konsequent sonst nur noch in der Schweiz und in Österreich praktiziert wird. Dieses System gilt hierzulande flächendeckend für alle rund 360 anerkannten Ausbildungsberufe. Jahr für Jahr werden derzeit mehr als eine halbe Million Ausbildungsverträge neu abgeschlossen, was bisher den Bedarf an Fachkräften recht gut decken konnte. Folglich halten Experten vieler Länder die duale Ausbildung für nachahmenswert. Und für etliche Wirtschaftswissenschaftler ist sie einer der Gründe dafür, dass die deutsche Wirtschaft zu den »Gewinnern der Krise« gehört.

Die Probleme, mit denen dieses Ausbildungssystem zu kämpfen hat, werden nicht von der dualen Ausbildung verursacht und stellen sie auch nicht in Frage.

Das Angebot an Ausbildungsplätzen ist regional und von Branche zu Branche sehr unterschiedlich. Außerdem ist es abhängig von der Konjunktur und nicht zuletzt von der Ausbildungsbereitschaft der Betriebe. Die zeigt aber aktuell nur jeder vierte Betrieb – ein wesentlicher Grund dafür, dass immer noch viele Jugendliche statt in eine reguläre Ausbildung in das sogenannte Übergangssystem vermittelt werden. Das sind mehr oder weniger sinnvolle Vorbereitungs- und Qualifizierungsmaßnahmen der Agentur für Arbeit oder der Berufsschulen. In solchen »Warteschleifen« bewegten sich 2011 fast 300 000 Jugendliche.

Immer mehr Betriebe sprechen vielen Schulabgängern die »Ausbildungsreife« ab – sie reklamieren, dass im Gegensatz zu den steigenden Anforderungen in zahlreichen Ausbildungsberufen die von den allgemeinbildenden Schulen vermittelten Voraussetzungen immer unzureichender werden. Das stellt die Betriebe und auch die Berufsschulen, von denen eine Kompensation solcher Defizite erwartet wird, vor immer größere Probleme.

Viele Auszubildende (und auch Berufsschulen) bemängeln die fehlende inhaltliche Abstimmung zwischen Betrieb und Berufsschule. Wenn keiner der Lernorte ausreichend darüber informiert ist, was an dem jeweils anderen geschieht, schadet das ganz sicher der Qualität der Ausbildung.

Ein ganz wesentliches Problem kommt hinzu: der demographische Wandel. Das Bundesinstitut für Berufsbildung (BiBB) hat ermittelt, dass die Zahl der abgeschlossenen Ausbildungsverträge von 2010 auf 2011 um fast zwei Prozent gesunken ist, und auch die Bundesagentur für Arbeit geht davon aus, dass sich die Zahl der Schulabgänger in den nächsten Jahren »drastisch verringern« wird. Auch wenn die Zahl nicht besetzter Ausbildungsplätze in manchen Regionen schon heute sehr hoch ist, heißt das noch lange nicht, dass kurz- oder mittelfristig alle Bewerber um einen Ausbildungsplatz wirklich unterkommen. Wenn sich aber für die Jugendlichen die Chancen auf einen Ausbildungsplatz kontinuierlich erhöhen, schwindet für die Betriebe die Möglichkeit, sich immer die besten Bewerber auszusuchen. Nicht wenige Betriebe werden das zum Anlass nehmen, dann lieber ganz auf die Ausbildung zu verzichten. Sie werden damit den Mangel an Fachkräften noch weiter verschärfen. Da wird auch die Anwerbung von Auszubildenden in südeuropäischen Krisenländern keine Abhilfe schaffen. Für diese Aktion will die Bundesregierung in den nächsten drei Jahren satte 140 Millionen Euro ausgeben, die Bundesagentur für Arbeit rechnet aber für 2013 mit bestenfalls »ein paar hundert« Interessierten. Ohnehin ist es eine mehr als fragliche Strategie, den talentierten Nachwuchs gerade aus den Ländern abzuziehen, die ihn – auch wegen dortiger geburtenschwacher Jahrgänge – dringend brauchen werden.

Wenn aber die hohen Erwartungen der Betriebe mangels attraktiver Bewerber nicht mehr zu erfüllen sind, wird dies auch zu mehr Konflikten in der Ausbildung führen. Bereits heute liegt die Abbruchquote im Bundesdurchschnitt bei 20 Prozent. Jede fünfte Ausbildung wird also nicht (oder zumindest nicht im ursprünglichen Betrieb) erfolgreich abgeschlossen. Die Gründe dafür sind keineswegs nur in der Unfähigkeit oder im Fehlverhalten der Auszubildenden zu suchen. In vielen Fällen sind es mangelnde Anleitung und inakzeptable Arbeitsbedingungen. In Zeiten der Krise nutzen insbesondere kleinere Unternehmen die Auszubildenden nicht selten als billige Arbeitskräfte und nehmen es mit den gesetzlichen Vorgaben und dem jeweiligen Ausbildungsrahmenplan nicht so genau.

Im Ausbildungsreport 2012 des Deutschen Gewerkschaftsbundes (DGB) ist zu lesen, dass knapp 40 Prozent der rund 12 000 befragten Auszubildenden angaben, regelmäßig Überstunden zu leisten (im Bereich der Gastronomie sogar über 60 Prozent). Fast jeder Fünfte gab an, dafür keinerlei Ausgleich zu erhalten. Ein anderes Beispiel: Es ist Bestandteil der Ausbildung, ein Berichtsheft zu führen, also müssen Auszubildende die Gelegenheit bekommen, das während der Arbeitszeit zu erledigen. Dennoch gaben 35,5 Prozent der Befragten an, diesen Ausbildungsnachweis nie im Betrieb führen zu können. Dazu kommen zunehmende Klagen über fehlende oder nie beziehungsweise selten anwesende Ausbilder (zusammen 18,3 Prozent), regelmäßige ausbildungsfremde Tätigkeiten (10,8 Prozent) oder rauhe Umgangsformen sowie verspätete Zahlung der Ausbildungsvergütung. Als Ausbildungsbegleiter an zwei hessischen Berufsschulen habe ich immer wieder hautnah erleben können, wie stark solche Missstände auch die willigsten Auszubildenden frustrieren und demotivieren.

Vor diesem Hintergrund müssen wir das Problem der Kontrolle betrachten. Das Berufsbildungsgesetz (BBiG) von 1969 (große Koalition!) hat die Kontrolle über die berufliche Ausbildung den »zuständigen Stellen« übertragen und in Paragraph 71 festgelegt, dass dies die Kammern sind. Das bedeutet: Diese Kammern – Handwerkskammer, Industrie- und Handelskammer, Landwirtschaftskammer, Ärztekammer und andere – sind nicht nur Sachwalter der Interessen ihrer beitragspflichtigen (Zwangs-)Mitglieder, also der Unternehmen, sondern als Körperschaften des öffentlichen Rechts auch zuständig für die »Überwachung der Durchführung der Berufsausbildungsvorbereitung und der Ausbildung«. Dazu gehören alle Aufgaben rund um die Ausbildung, von der Erteilung der Ausbildungserlaubnis über die Durchführung der Prüfungen und die Beratung der Auszubildenden bis hin zur Überwachung der Einhaltung gesetzlicher Bestimmungen. Die Zwangsläufigkeit, mit der es bei dieser Konstellation zu Interessenkonflikten kommen muss, liegt auf der Hand.

Am besten verdeutlicht das ein Fallbeispiel aus der Praxis. Ein Ausbildungsberater der Industrie- und Handelskammer berichtete, dass er wegen gravierender Verstöße gegen geltendes Recht in einem Ausbildungsbetrieb vorstellig geworden war und »auf den Tisch gehauen« hatte. Die Folge: Bei seiner Rückkehr ins Büro ließ ihn der Geschäftsführer des Ausbildungsbereiches wissen, dass der so Gemaßregelte bereits angerufen hätte. Nicht nur hatte er die Fragen gestellt, für wen die Kammer eigentlich da sei und wer sie bezahle, sondern auch äußerst wirkungsvoll gedroht: »Wenn ihr mir so kommt, bilde ich nicht mehr aus«. Der Ausbildungsberater fasste das Ergebnis so zusammen: »Letztlich wurde ich zurückgepfiffen.«

Dass solche Interventionen, so sie überhaupt stattfinden, meist wirkungs- und folgenlos bleiben, ist auch der Zaungastrolle geschuldet, die den Gewerkschaften hier zugemutet wird. Das BBiG weist ihnen im Berufsbildungsausschuss, einer lediglich »zu unterrichtenden und zu hörenden« Instanz auf regionaler und auf Landesebene, sechs Plätze zu – neben sechs Vertretern der Arbeitgeber und sechs Lehrkräften, Letztere mit beratender Stimme und vom zuständigen Schulamt berufen. Deutlicher kann man eine Alibifunktion kaum in ein Gesetz schreiben.

Reformvorschläge, die kritisch zu prüfen sind

Neben den geschilderten Problemfeldern bestimmen derzeit zwei Themen für eine Reform der beruflichen Ausbildung die Diskussion.

Immer häufiger fiel in den vergangenen Jahren, insbesondere in den gewerblich-technischen Ausbildungsberufen, der Begriff *tertiäre Ausbildung*. Gemeint ist damit eine Ausbildung, bei der zu den beiden Elementen der dualen Ausbildung, dem betrieblichen und dem schulischen, ein drittes hinzukommt: Das erste Lehrjahr wird quasi als »Grundausbildung« in einer überbetrieblichen Einrichtung absolviert. Es gibt bereits erste Erfahrungen aus Modellversuchen, zum Beispiel mit Verbundausbildungen von mehreren Firmen. Der Flughafenbetreiber FRAPORT in Frankfurt schickt alle Auszubildenden aus den Bereichen Metall und Elektrotechnik für das komplette erste Ausbildungsjahr in eine überbetriebliche Ausbildungswerkstatt.

Das Interesse der Unternehmen an einer solchen Struktur der Ausbildung ist klar: Die zeit- und kostenintensive Vermittlung von Grundkenntnissen im Betrieb entfällt, die Auszubildenden können mit Eintreffen im Betrieb sofort auch für komplexere Aufgaben und damit viel nutzbringender eingesetzt werden. Aber auch für die Auszubildenden taugt ein solches Modell als echte Alternative, weil eine gut ausgestattete überbetriebliche Einrichtung in vielen Fällen eine bessere Ausbildung gewährleisten kann als ein kleiner Betrieb.

Die entscheidenden Fragen sind: Für welche Berufe ist dieses Modell geeignet und für welche nicht (zum Beispiel sind viele kaufmännische Ausbildungen an individuelle Betriebsstrukturen gebunden)? Und: Wie soll die Umsetzung finanziert werden? Mit Sicherheit nicht durch die öffentliche Hand (wie es viele Unternehmen fordern), denn die primären Nutznießer wären die Unternehmen. Also müsste die Finanzierung durch die auszubildenden Betriebe oder eine Umlage aller Betriebe erfolgen, ergänzt bestenfalls durch Zuschüsse, wenn Mittel durch den Rückbau des unsinnigen Übergangssystems frei werden.

Weitere Vorschläge zielen auf die Struktur und die Dauer der Ausbildung. So wird zum Beispiel eine Modularisierung der einzelnen Abschnitte der Ausbildung gefordert inklusive Zertifizierung der einzelnen Module. Eine solche Fragmentierung soll der »besseren Durchlässigkeit zu höheren Bildungsgängen« sowie der Flexibilität beim Wechsel in andere Ausbildungsberufe dienen. Und der Vereinheitlichung auf EU-Ebene. (Warum eigentlich vereinheitlicht man in der EU nicht auf die duale Ausbildung?) Zu befürchten sind aber vor allem eine Zerstückelung der Ausbildung zur schnelleren Verwertung von Teilqualifikationen und eine Reduzierung der Ausbildungsinhalte.

In die gleiche Richtung zielen die in den letzten Jahren geschaffenen zweijährigen (»theoriegeminderten«) Ausbildungsberufe wie zum Beispiel Industrieelektriker oder Maschinen- und Anlagenführer. Und der Deutsche Industrie- und Handelstag fordert: »Die Berufe für praktisch Begabte haben sich für Jugendliche und Unternehmen bewährt und sollten weiter ausgebaut werden.« Es liegt der Verdacht nahe, dass es dabei primär um einen Angriff auf das Lohnniveau geht. Besonders ärgerlich ist aber, wenn solche Angebote als ideale Förderung für schwächere Schulabgänger gepriesen werden. Denn gerade diese Zielgruppe braucht eher mehr Zeit für eine gute Ausbildung und keinen Schnelldurchlauf mit reduzierten Inhalten.

Was zu tun ist, damit das Gute bleibt und besser wird

Es sollte unser Anliegen sein, allen daran interessierten Jugendlichen eine qualitativ gute und möglichst umfassende Ausbildung zu geben. Primär ist das wichtig, um die Berufs- und Lebensperspektive der nächsten Generationen weitgehend abzusichern – und sekundär, um den Bedarf der Wirtschaft an qualifizierten Fachkräften zuverlässig zu decken.

Deshalb sind an die Parteien und die künftige Bundesregierung – ohne Anspruch auf Vollständigkeit – die folgenden Forderungen zu richten:

- zusätzliche Ausbildungsplätze schaffen durch Anreize für die Betriebe und/oder Abgaben für nicht ausbildende Betriebe

- Einhaltung der gesetzlichen Bestimmungen in den Ausbildungsbetrieben besser kontrollieren – und zwar nicht mehr durch die Kammern, sondern durch staatliche Stellen
- die Berufsschulen personell und finanziell deutlich besser ausstatten; die Kooperation zwischen Berufsschulen und Betrieben zur Pflichtaufgabe machen
- erfolgreiche Modelle zur tertiären Ausbildung fördern – mit dem Ziel der flächendeckenden Einführung für geeignete Berufe
- keine Modularisierung der dualen Ausbildung
- keine »Schmalspurausbildungen« und verkürzte Ausbildungsgänge; lernschwache Jugendliche müssen die Ausbildungszeit verlängern können

Claudia Roth

Für eine Politik der Inklusion

»Jede Nacht um halb eins, wenn das Fernsehen rauscht,
leg ich mich aufs Bett und mal' mir aus,
wie das wäre, wenn ich nicht der wäre, der ich bin,
sondern Kanzler, Kaiser, König oder Königin
(*aus: Rio Reiser, König von Deutschland*)

Das Schicksal von Rio Reisers Song »König von Deutschland« ist so wechselhaft wie das mancher Adelshäuser. Dabei war Rio alles andere als Monarchist. Er war Radikaldemokrat. Sein politisches Grundmotiv war die Machtkritik. Im »König von Deutschland« zeigt sie sich als bissige Satire auf Politik, Medien und Populärkultur der 1980er Jahre.

Rios König ist ein König von unten, der »Ronnie (Reagan) mal in die Waden beißen« will. Die Perspektive ist die des Protests. Als Rollenvorbilder können wir uns Gaukler und fahrende Sänger vorstellen, die unter durchaus prekären Bedingungen die Inhaber von Macht persiflieren und ironisch imitieren: ein König von Deutschland – »schicker als der Schmidt« und »dicker als der Strauß«. Und natürlich sollen auch die Socken und Autos des Sängers, der da nachtphantasierend die Macht übernimmt, nicht mehr stinken!

Wir täten gut daran, dem Blick von unten in der Politik mehr Geltung zu verschaffen. In einer Zeit, in der sich die Schere zwischen Arm und Reich immer weiter öffnet, brauchen wir weder eine Politik, die mit arroganten Gesten soziale Gräben noch weiter aufreißt, noch eine, die sie unsichtbar machen will. Niemand versteht es, wenn aus dem Armutsbericht der Bundesregierung die wirklich kritischen Dinge einfach herausredigiert werden, weil sie die Scheinidylle stören.

Ein Projekt, das unser Land »besser machen« würde, wäre eine konsequente Politik der Inklusion, die den massiven Spaltungstendenzen entgegenwirkt, mit einem Staat und demokratischen Institutionen, die sich den Menschen anpassen – und nicht umgekehrt. Eine Politik, die geleitet wird von der Einsicht, dass Anderssein »normal« ist, dass Vielfalt Chance und Reichtum ist und nicht Gefahr. Eine solche Politik will jede Person in ihrem Sosein anerkennen und allen gleiche Chancen zur Selbstbestimmung und Selbstentfaltung geben. Um das zu erreichen, müssen wir die Hindernisse identifizieren und ausräumen, die Menschen an ihrer Selbstentfaltung und einer fairen Teilhabe behindern.

Leider sind wir von einer wirklich inklusiven Gesellschaft weit entfernt. Nicht nur reale Macht- und Mehrheitsverhältnisse stehen ihr entgegen, auch zwei eng ineinander greifende Diskurse. Einmal die Überreste des Neoliberalismus, der mit Ronald Reagan und Margaret Thatcher politisch Karriere machte. Er führte zu einer Deregulierung, die wichtige politische Leitplanken der Ökonomie herausriss und den Sozialstaat unterminierte. Inzwischen stehen wir auf dem Scherbenhaufen dieses Diskurses, mit der Finanzkrise als einem weithin sichtbaren Fanal. Aber die politischen Korrekturen erfolgen, wenn überhaupt, viel zu zögerlich.

Zum anderen ist mit der faktischen Spaltung und Entsolidarisierung der Gesellschaft eine Spalterideologie stark geworden, ein Geist des Ressentiments, auch in der Mitte der Gesellschaft, ein Denken, das soziale Probleme auf Individuen und einzelne Gruppen abwälzt. Die Opfer von sozialer Ausgrenzung sollen für ihre Lage selbst verantwortlich, selbst die Täter sein. Oder indem die Probleme kulturalisiert werden – die kulturelle Herkunft oder zum Beispiel »der« Islam sollen dann an allem schuld sein.

Der Neoliberalismus und das populistische Ressentiment ergänzen sich. Und manchmal ist ein Diskursagent auf beiden Spielfeldern unterwegs. Etwa Thilo Sarrazin, wenn er seinen Speiseplan für Arbeitslosengeld-II-Bezieher aufstellt. Und nur zu oft werden die so Inkriminierten in den Medien auch noch zu »Lachnummern« degradiert. In solcher »Satire« gegen Schwache spricht jedenfalls kein »König von unten«, sondern ein perfider Zynismus »von oben«.

Wer eine inklusive Politik durchsetzen möchte, muss Aufklärungsarbeit leisten und den Diskursen des Neoliberalismus und Populismus entgegentreten. Sie gehören zu den Hindernissen auf dem Weg in eine solidarischere Gesellschaft. Aber natürlich geht es nicht nur um einen Kampf der Begriffe und Denkfiguren. Es geht um ganz konkrete Projekte, um politische Kämpfe, um soziale Bündnisse, um Mehrheiten für eine andere Politik, letztlich um einen echten Politikwechsel.

Inklusion ist eine umfassende soziale Aufgabe. Sie muss früh beginnen. Kein Kind darf im Betreuungs- und Bildungssystem abgehängt werden. Dafür brauchen wir ein flächendeckendes, qualitativ hochwertiges Betreuungsangebot und bestimmt keine Herdprämie, die ganz falsche Anreize schafft – vor allem in Familien, deren Kinder die frühe Förderung in Kitas dringend brauchen. Und Inklusion muss weitergehen: in Schulen, die den Erfolg der Kinder nicht vom Geldbeutel der Eltern abhängig machen, in Hochschulen ohne Studiengebühren, in denen alle Studierende eine faire Chance haben.

Wir brauchen mehr Inklusion auch in der Wirtschaft. Dass Frauen im Durchschnitt 23 Prozent weniger verdienen als Männer, ist nicht tragbar und eine schreiende Ungerechtigkeit. Inklusion tut auch not ganz oben, in den Führungsetagen. Frauen dürfen dort nicht nur in den Vorzimmern anzutreffen sein, sondern auch auf Chefinnensesseln. Die Frauenquote für Aufsichtsräte und Vorstände ist überfällig, damit es mit der faktischen Männerquote, die hier über Jahrzehnte bei annähernd 100 Prozent lag, endlich ein Ende hat. Und damit Frauen schließlich das Machtverhältnis zwischen den Geschlechtern so verändern können, dass sich auch der Ton und das Verhalten ihnen gegenüber ändert. Und natürlich brauchen wir den gesetzlichen Mindestlohn. Mindestens 8,50 Euro in der Stunde wären ein Beitrag gegen Working Poor, gegen millionenfache Niedriglöhne, die so gering sind, dass Menschen von ihnen nicht leben können. Ein solcher Mindestlohn wäre auch ein weiterer Beitrag zur Geschlechtergerechtigkeit, denn Frauen sind von Niedriglöhnen besonders betroffen.

Inklusion meint den Abbau von Barrieren für Menschen mit Behinderungen – in Beruf und Alltag, in Kultur und Freizeiteinrichtungen. Die Bundesrepublik hat die UN-Konvention über die Rechte der Menschen mit Behinderungen unterzeichnet. Es wird höchste Zeit, dass sie auch mit Leben erfüllt wird. Oft sind es schon kleine Dinge, die dazu beitragen, Menschen mit Behinderung besser einzubeziehen, etwa die Untertitelung von Filmen und Fernsehsendungen und die Erstellung von Audiodeskriptionen. Dies kostet jeweils nur wenige tausend Euro. Und doch war es ein langer Kampf, um sie zumindest in der Bundesfilmförderung verpflichtend zu machen. Nun müssen auch die Fernsehanbieter ihrer Verantwortung gerecht werden.

Inklusion sollte auch das bestimmende Anliegen der Integrationspolitik sein. In dieser recht unscheinbar anmutenden Forderung steckt ein weitgehender und sehr konkreter Anspruch. Denn die Integrationspolitik, die von vielen Konservativen heute lautstark propagiert wird, ist oftmals eine destruktive Mischung aus Exklusion und der Forderung nach kultureller Homogenisierung. Vielfalt ist ihr in diesem Diskurs ein Graus und muss angeblich mit »deutscher Leitkultur« bekämpft werden – frei nach dem Motto: Wer sich nicht gleichmachen lässt, fliegt raus. Eine an Inklusion orientierte Integrationspolitik erkennt dagegen die unterschiedlichen Geschichten und Orientierungen von Menschen an. Sie schützt Diversität, auch mit einem Grundgesetz, dessen Kernanliegen Menschenwürde und Bürgerrechte sind, die für alle gelten. Auch für Flüchtlinge, die bei uns Schutz und neue Perspektiven suchen.

Politik der Inklusion meint heute die Entwicklung hin zu einer multikulturellen Demokratie; sie vertritt eine konsequente Antidiskriminierungspolitik und trägt der Erkenntnis Rechnung, dass Gewalt nicht nur ein körperlicher, sondern auch ein symbolischer Akt ist, einer der Abwertung und Diskriminierung. Niemand darf aufgrund von Geschlecht, Alter, Hautfarbe, Behinderung, Weltanschauung, Religion oder sexueller Identität diskriminiert und ausgegrenzt werden. Das zu gewährleisten, ist ein Kernanliegen einer Politik der Inklusion.

Und natürlich gehört auch der konsequente Kampf gegen menschenfeindliche Ideologien dazu, die politische, kulturelle und soziale Exklusion propagieren, der Kampf gegen Rechtsextremismus, Rassismus, Antisemitismus, Homo- und Islamophobie. Wenn diese Haltungen heute in der »Mitte der Gesellschaft« ankommen, dann geht es hier nicht länger nur um »Glatzen« und braune Kameradschaften, sondern auch um neurechte Ideologen und ihre Hegemonialstrategien. Es geht um kritische Aufklärung über die neuesten Varianten der ältesten Herrschaftstechnik, den in sich höchst widersprüchlichen Versuch, eine ausgrenzende und sich aufspaltende Gesellschaft durch noch mehr Ausgrenzung zu reintegrieren, durch die Abfuhr von Wut und Enttäuschung auf einen Sündenbock. Die Konstruktion eines scheinhaften Zusammenhalts durch soziale und kulturelle Exklusion – das ist ein gefährlicher Zünder für den sozialen Sprengstoff, von dem wir viel zu viel angehäuft haben in dieser Welt.

Ulrike Winkelmann

Gesundheit für alle von allen bezahlen lassen

Der Internist bekommt eine glänzende, milchaufschäumende und sogar sich selbst reinigende Espressomaschine in seine Praxis dafür geliefert, dass er seinen Patienten so treulich das Medikament der einen – und nicht der anderen – Firma verschrieben hat. Und das ist noch nicht einmal strafbar. Die Patienten werden nie erfahren, dass ihre Therapie an einer Espressomaschine ausgerichtet wurde.

Wer beim Hautarzt anruft, gerät gleich an eine automatische Telefonweiche: Privat Versicherte wählen bitte die Eins, gesetzlich Versicherte wählen bitte die Zwei. Ergebnis: Unter der Eins geht die Sprechstundenhilfe direkt ans Telefon, unter der Zwei darf man sein Problem auf den Anrufbeantworter sprechen, wird aber niemals zurückgerufen.

Die junge Frau mit der Risikoschwangerschaft gebar ihr Kind schon nach sieben Monaten in der örtlichen Klinik, ein Frühchen. Im Krankenhaus wurde die Beatmungsmaschine nicht richtig eingestellt, das winzige Baby erlitt einen Lungenschaden, von dem es sich sein Leben lang nicht erholen wird. Hätte die Mutter geahnt, dass in der Uniklinik 70 Kilometer weiter das Personal auf die Frühchenbehandlung spezialisiert ist und die Kinder dort ein viel geringeres Risiko haben, Lungen- und Augenschäden zu erleiden, hätte sie den Weg gern auf sich genommen. Der Gynäkologe, der sie ins örtliche Krankenhaus schickte, hätte seine eigene Frau ins Uniklinikum gebracht, er weiß schließlich um den Unterschied.

Keine Frage – in Deutschland werden die meisten Menschen auf hohem medizinischen Standard versorgt. Die meisten Menschen vertrauen ihrer Ärztin oder ihrem Arzt auch. Aber werden die Menschen nach dem für eine reiche Industrienation zu leistenden, bestmöglichen Standard versorgt, und werden die Kosten dafür gerecht verteilt? Zweimal nein. Es ist ein doppelter Fehler im System: Es geraten nicht die Kränksten an die besten Ärzte. Und es zahlen nicht die Reichsten am meisten für die allgemeine Gesundheitsversorgung. Beides hat mit der historisch gewachsenen, aber logisch und moralisch-politisch kaum begründbaren Aufteilung der deutschen Krankenversicherung in einen gesetzlichen und einen privaten Sektor zu tun.

Der Maßstab für jede kommende Gesundheitsreform – und erfahrungsgemäß bekommt die Bundesrepublik mindestens eine pro Legislaturperiode – kann daher nur sein, ob dieser Webfehler im System bekämpft oder verstärkt wird. Eine gerechtere Lastenverteilung für eine gerechtere Versorgung – sage niemand, dass das leicht und mal eben so zu machen ist, quasi ein Federstrich. Das Gesundheitssystem ist rund 300 Milliarden Euro schwer (2011). Um dieses Geld konkurrieren Ärzte und Zahnärzte, Krankenschwestern und das Personal der Gesundheitsbürokratie, Versicherungsunternehmen samt ihrer Aktionäre und nicht zuletzt die Pharmaindustrie. Sie alle sind der Meinung, dass eine gelungene Gesundheitsreform nur eine sein kann, bei der sie besser verdienen.

Und nicht zuletzt geht es um die Interessen derer, die als Privatversicherte entweder real privilegiert sind oder sich dies zumindest gern einbilden möchten. Etwas mehr als ein Zehntel der Bevölkerung – zuletzt (2011) neun Millionen Beamte und Pensionäre, Selbständige und Gutverdiener – sind nicht in der gesetzlichen, also öffentlich-rechtlichen Krankenkasse wie AOK, Barmer-GEK und so weiter, sondern versichern sich bei einem Privatunternehmen: Allianz,

Deutsche Krankenversicherung (DKV) und Co. Weil die Privatversicherungen ein eigenes Tarif- und Honorarsystem haben, bieten sie ihren Mitgliedern seit jeher bessere oder jedenfalls als besser geltende Leistungen, für die wiederum die Ärzte besser bezahlt werden.

Die Privatversicherungen haben außerdem das Recht, Kranke abzulehnen oder ihnen kaum erschwingliche Tarife abzuverlangen, weshalb für diese Menschen die gesetzlichen Kassen aufkommen müssen. Für die Gesundheitsversorgung der Schwächsten, Ärmsten und Kränksten zahlen nur gesetzlich Versicherte in einer der rund 130 Kassen.

Diese Aufteilung der Solidarität geht darauf zurück, dass Reichskanzler Otto von Bismarck 1883 die gesetzliche Pflichtversicherung nur für die Arbeiter schuf – diese sollten dadurch von sozialdemokratischem Gedankengut und den entsprechenden Parteien ferngehalten werden. Die Beamten des Berliner Polizeipräsidiums waren bald darauf die ersten, die sich »freiwillig« und damit »privat« versicherten. Lehrer, Geistliche und viele andere akademische Berufsgruppen folgten. Es dauerte nicht lang, da hing an der Privatversicherung auch das Sozialprestige, »für sich selbst sorgen« zu können. Auch für die Privatversicherungen wurde 1901 ein Gesetz geschrieben.

Im Lauf des 20. Jahrhunderts erfasste die gesetzliche Versicherung immer mehr Gruppen – Rentner, Studierende und so weiter. Die Selbständigen jedoch blieben immer draußen, auch wenn sie teils sehr schlecht verdienten. Weil sich Deutschlands Beamte und Vermögende ihren privilegierten Status stets abzusichern wussten, hat diese Zweiteilung sogar noch den Zweiten Weltkrieg überlebt, nach dessen Ende doch in halb Europa neue Gesundheitssysteme gestrickt wurden.

Im Ergebnis hat sich im medizinischen Versorgungsbetrieb eine Extrasparte gebildet – nur für Privatpatienten, die besseren Zugang zu den Spezialisten haben, oft die besseren Medikamente und Therapien bekommen, obwohl sie mitnichten die schwersten Krankheitsfälle darstellen. Gleichzeitig müssen Privatversicherte nur solidarisch mit ihresgleichen sein, nicht aber für die Krankheiten und Wechselfälle des Lebens der anderen, insgesamt weniger bevorteilten knapp 90 Prozent der Bevölkerung aufkommen. Nur der historisch sehr junge Steueranteil von zuletzt rund acht Prozent (2011: 15 Milliarden von 180 Milliarden Euro) am gesetzlichen Versorgungssystem wird anteilig auch von den Privatversicherten aufgebracht.

Die Zeiten freilich, in denen die Privatversicherungen kaum wussten, wohin mit dem vielen Geld, während um jedes Zehntelprozent zusätzlicher Krankenkassenbeiträge Staatskrisen ausgerufen wurden, sind auch vorbei. Viele Faktoren haben dazu beigetragen, dass das private Geschäftsmodell Lack verloren hat: nicht nur die Extrahonorare für die privat behandelnden Ärzte, die extrateure Medikamente verschreiben, sondern auch der Druck an den Finanzmärkten und der erst wenige Jahre alte Zwang, verarmte Selbständige günstiger zu versichern. Die Prämien mussten zuletzt um zweistellige Prozentsätze angehoben werden.

Auch ist mittlerweile vielen Mittelgutverdienern aufgefallen, wie stark die Versicherungsprämien im Alter ansteigen. Dies verträgt sich gar nicht gut mit den dank Finanzkrise etwas wackligeren Aussichten auf die Erträge der privaten Altersvorsorge, ganz zu schweigen von den geschrumpften gesetzlichen Rentenansprüchen.

Was tun? Eine Bürgerversicherung!

Der Imageschaden fürs Privatversicherungsgewerbe ist eine Chance – für die seit 100 Jahren fällige Fusion der Systeme. Eine solche Bürgerversicherung ist nicht in zwei Monaten oder zwei Jahren aus dem Boden zu stampfen. Doch könnten verschiedene Wege in ein gemeinsames System von allen und für alle führen: Entweder wird den Privaten der Zugang zu jungen, gesunden Mitgliedern ganz versperrt. Oder die Beamten werden künftig gesetzlich versichert, und die Grenze zwischen dem Reich der Privat- und dem der Gesetzlichversicherten, die »Versicherungspflichtgrenze«, wird steil hochgefahren. Oder der Steueranteil – hierzu bieten sich Besteuerungen von Erbschaften und Vermögen an – wird stark angehoben, während die Krankenkassenbeiträge gleichzeitig schrumpfen.

SPD, Grüne und Linkspartei haben längst ihre je eigenen Bürgerversicherungsmodelle vorgelegt, auch die Gewerkschaften und sogar einige Initiativen wie Attac haben sich an Rechenschieber gesetzt und Entwürfe gestrickt. Die Richtung ist stets die gleiche: eine Versicherung für alle und von allen, bezahlt aus allen Einkommensarten. Die Unterschiede stecken gemeinsam mit dem berühmten Teufel im Detail: etwa ob und wie stark die überdurchschnittlichen, aber nicht hohen Einkommen – mehr als circa 4000 Euro brutto, aber weit vom Reichtum entfernt – belastet werden. Oder ob und wie man an die Kapitalerträge der Reichen herankommt, ohne die sprichwörtliche Oma zu erschrecken, die nur von den Mieteinnahmen ihres kleinen Häuschens lebt. Oder ob und wie man die aktuell Privatversicherten schonen muss.

Entscheidend aber ist, dass ein Gesetz in Richtung einer einheitlichen Versicherungspflicht nicht die Mittelgutverdiener von rund 4000 bis 8000 Euro im Monat stärker belastet als diejenigen, die darüber verdienen, also mehr als 8 000 Euro monatlich. Bloß die Einkommensgrenze hochzuschieben, ab der abhängig Beschäftigte in die Privatversicherung springen dürfen, wird also nicht reichen. Es wird schwierig oder jedenfalls sehr schwer zu begründen sein, den Finanzierungsgraben zwischen den privaten einerseits und den gesetzlichen Kassen andererseits beizubehalten und die Gräben nur auf der Leistungsseite zu schließen – etwa durch ein einheitliches Honorar für die Ärzte.

Die heute Privatversicherten müssen über kurz oder lang in denselben Topf wie der ganze große Rest der gesetzlichen Versichertengemeinschaft einzahlen. Erst dann werden dieselben Privatversicherten – es sind zufällig auch die durchsetzungsstärksten Gruppen der Gesellschaft – mit dafür sorgen, dass die ganze Bevölkerung stets auf dem besten Stand von Medizin und Forschung versorgt wird. Erst wenn die deutsche Ideologie des 20. Jahrhunderts, wonach das gewöhnliche Volk in eine Pflichtversicherung gezwängt wird, während höhere akademische Stände, Staatsdiener und Wohlbestallte sich etwas angeblich marktwirtschaftlich Besseres gönnen, als ineffizienter Unsinn überwunden ist, lässt sich vernünftig darüber reden, worum es im Kern nur gehen kann: Was braucht der Patient?

Dann wären Ärzte vermutlich nicht mehr als Freiberufler auf der Jagd nach Privatpatienten oder wenigstens Espressomaschinen. Sie würden in Teams zusammenarbeiten, sich gegenseitig immer auf dem neuesten Stand der Wissenschaft halten. Sie wären dadurch weniger korruptionsanfällig und würden nach einem transparenten Honorarsystem bezahlt, das einerseits die real aufgewandte Zeit mit dem Patienten würdigt, andererseits zum bisweilen demütigenden Schritt ermutigt, schwierige Fälle an Experten weiterzureichen.

Es gäbe dann auch keine Telefonweichen beim Hautarzt für Gesetzliche, die in diesem Quartal sowieso keinen Termin bekommen, und Private, für die sich immer noch ein Viertelstündchen finden lässt.

Vor allem aber gäbe es für die rund 2000 Krankenhäuser ein Qualitätssicherungssystem, wonach seltene Fälle grundsätzlich an spezialisierte Zentren weitergeleitet werden, wo dann die Chefinnen und Chefs, sofern sie tatsächlich die besten Heilerfolge vorweisen können, die Problempatienten behandeln.

Erkennt eine Gynäkologin bei einer ihrer Patientinnen eine Risikoschwangerschaft, die wahrscheinlich zu einer vorzeitigen Geburt führt, weiß sie sofort, dass nicht das kleine Krankenhaus am Ort in Frage kommt – das mag andere Stärken haben. Sie kennt die nächste Klinik, die jährlich mehrere Dutzend Frühgeburten versorgt, die das dafür notwendige Gerät auf dem neuesten Stand hat und anerkannte Spezialisten vorweisen kann.

Ein solches System hätte zu Recht auf der ganzen Welt einen großartigen Ruf, und Gesellschaften, die wie China oder auch kleinere Schwellenländer im Aufbruch sind und sich überlegen, an welchem Vorbild sie sich orientieren könnten, müssten sich nicht von den Agenten der privaten Versicherungskonzerne Marktrezepte aufschwatzen lassen für einen Bereich, in dem Marktgesetze nicht funktionieren.

Tom Schimmeck

Den freien Fall der Löhne stoppen

Die Ausbeutung auf den Baustellen, die Plackerei der Paketzusteller, das Elend der Schlachthöfe, die Sklaven von Amazon. Das Thema Billiglohn blitzt immer wieder, immer häufiger auf. Für kurze Zeit ist Aufregung da. Doch an den Strukturen, die solche miserablen Löhne hervorbringen, hat sich in Deutschland seit vielen Jahren wenig geändert.

Jeder kennt die Grafiken, die zwei auseinanderstrebende Linien zeigen: die Kurve der Kapitaleinkünfte – sie steigt. Und die der Löhne – sie fällt. Auch beim Arbeitsentgelt selbst geht die Schere weit auseinander. Die »Lohnspreizung« nimmt europaweit zu. Im oberen Segment, bei leitenden Angestellten und Managern, weist der Trend stetig nach oben. Das wachsende untere Segment hingegen, der »Niedriglohnsektor«, befindet sich im freien Fall. Nirgendwo in Westeuropa sind die Lohngegensätze nach Berechnungen der Europäischen Kommission so augenfällig wie in Deutschland. Betroffen sind vor allem Frauen, Teilzeitarbeiter, Migranten – ein wachsendes Heer prekär oder – offiziell – »atypisch« Beschäftigter, für die immer neue Begriffe kreiert werden: Ein-Euro- und Mini-Jobber, Saisonkräfte, Leiharbeiter, Aufstocker.

Fakt ist: Zwischen 2000 und 2010 sanken die deutschen Löhne im Schnitt real um fünf Prozent. Die ärmsten 30 Prozent der Bevölkerung verdienten sogar 20 Prozent weniger. Selbst Steigerungen der letzten Jahre ändern nichts daran, dass die Löhne im Schnitt noch immer unter dem Niveau des Jahres 2000 liegen. Besonders verheerend wirkt dabei die Tatsache, dass es in Deutschland an einer Untergrenze fehlt. Seit den 1990er Jahren wächst der Billiglohnsektor, im Wirtschaftsdeutsch »Niedriglohnsektor« genannt, kontinuierlich.

Billiglohn auf Staatskosten

Das spüren vor allem Schlachter, Putzkräfte, Fahrer und Friseurinnen, Kellner, Wachleute, Verkäuferinnen und Hilfsjobber aller Art. Rund ein Viertel aller Beschäftigten, knapp acht Millionen Menschen, gelten hierzulande nun als Niedriglohnbezieher. Ihr Verdienst liegt unter 9,15 Euro brutto pro Stunde – oder 1 600 Euro im Monat. Die Welt der Billiglöhner ist längst nicht mehr auf wenig qualifizierte Arbeiter beschränkt. Gut drei Viertel haben eine Berufsausbildung oder einen akademischen Abschluss.

Deutschland, so das Institut für Arbeit und Qualifikation der Universität Duisburg-Essen, gehörte in den letzten 15 Jahren zu den OECD-Staaten mit dem drastischsten Wachstum von Niedriglohnarbeit. Die Auswertung für das Jahr 2009 ergab, dass – ohne Schüler, Studenten, Rentner und Nebenjobber – über 2,2 Millionen Arbeitende unter sechs Euro in der Stunde verdienten. Für Löhne unter 8,50 Euro schufteten 5,78 Millionen Menschen.

Sogar die Zahl der Selbständigen, die zusätzlich Hartz-IV-Leistungen brauchen, steigt laut einer Studie des Nürnberger Institut für Arbeitsmarkt- und Berufsforschung (IAB) stetig an: 2011 mussten im Schnitt 127 000 arme »Selbständige« ihr freies Unternehmertum mit Sozialleistungen aufstocken – eine Steigerung um 76 Prozent seit 2007. Darunter viele Verkäufer, Vertreter, Friseure oder Kosmetiker. Akademiker stellen 16 Prozent dieser Gruppe.

Die Folgen sind absurd. Sie treffen letztlich alle Bürger: die »Aufstocker«, die von ihrer Arbeit nicht leben können und als Bittsteller aufs Amt rennen. Und den Rest der Gesellschaft, der draufzahlt – weil der Staat solch miserabel bezahlte Arbeit mit Steuern subventionieren muss. »Geringverdiener« haben zwischen 2007 und 2011 mehr als 53 Milliarden Euro Hartz-IV-Leistungen erhalten.

2007 begann der Chef des Jobcenters von Stralsund, Mecklenburg-Vorpommern, Arbeitgeber zu verklagen, die sich über allzu krasse Dumpinglöhne mit Billigkräften auf Staatskosten versorgten. Hunderte kamen allmonatlich in sein Amt, obwohl sie einen Job hatten – so schlecht bezahlt, dass die Einkünfte nicht zum Leben reichten. Der Behördenchef rechnete aus, wie dieses »Geschäftsmodell« funktioniert: Für eine 400-Euro-Kraft musste das Jobcenter bis zu 655 Euro im Monat zuschießen. Einige Extremfälle von Ausbeutung konnte er vor Gericht stoppen. Den Fall des Pizzabäckers etwa, der für 1,32 Euro die Stunde antrat.

Verliehene Arbeit

Das Phänomen der »Working Poor« – jener Menschen, die trotz Arbeit arm bleiben, wächst in Deutschland markant. Leiharbeit ist dabei ein wichtiger Faktor. Bis 1967 war sie in Deutschland verboten. Dann wurde sie für Auftragsspitzen legalisiert. Noch 1994 zählte man nur gut 100 000 Leiharbeiter. Erst die Hartz-Gesetze machten den Arbeitskräfteverleih massentauglich. 2011 gab es rund eine Million Leiharbeitsplätze, vermittelt durch über 16 000 »Verleihbetriebe«.

Auch die Arbeitsbedingungen werden härter. Leitende und Selbständige stehen dank des virtuellen Büros inzwischen oft unter Dauerstrom. Der klassische Job von neun bis 17 Uhr bleibt für immer mehr Malocher ein Traum. Sie arbeiten nachts oder rund um die Uhr. 2011 mussten rund 8,9 Millionen Beschäftigte regelmäßig auch am Wochenende ran, eine Steigerung von 30 Prozent binnen zehn Jahren. Sechs Millionen arbeiten im Schichtdienst, rund 3,3 Millionen sind Nachtarbeiter. Auch die Arbeitszeiten werden länger: 1,92 Millionen Arbeitnehmer rackerten 2011 mehr als 48 Stunden pro Woche.

43 Prozent geben laut dem »Stressreport 2012« der Bundesanstalt für Arbeitsschutz und Arbeitsmedizin an, ihr Stress und Arbeitsdruck hätten spürbar zugenommen. Fast jeder Fünfte fühlt sich von der schieren Arbeitsmenge überfordert. Ein Viertel der Arbeitnehmer lässt die Pausen ausfallen. 2011 wurden Arbeitende wegen psychischer Erkrankungen an 59,2 Millionen Tagen arbeitsunfähig. Die Steigerungsrate über 15 Jahre beträgt mehr als 80 Prozent. Gut 40 Prozent der Rentenneuzugänge wegen verminderter Erwerbsfähigkeit sind psychisch begründet.

Eine Spirale der Armut

Die Langzeitfolgen der Absenkung des Lohnniveaus werden inzwischen immer deutlicher. Da ihre Löhne ohnehin schon mager waren, ist inzwischen etwa ein Zehntel der Arbeitslosen schon mit dem »üppigeren« Arbeitslosengeld I (ALG I), das im ersten Jahr gezahlt wird, zusätzlich von Hartz IV abhängig. Nach Zahlen der Bundesagentur für Arbeit benötigten im Oktober 2012 schon 83 118 Menschen parallel zum

ALG I Mittel nach Hartz IV. Steigerung zum Vorjahr: 14 Prozent.

Zunehmend unstete und gebrochene Erwerbsbiographien mit dürftigen Einkommen aus befristeter Beschäftigung, Minijobs oder Leiharbeitsverhältnissen führen dazu, dass absehbar immer mehr Menschen im Alter arm sein werden. Zumal gerade Schlechtverdienern oft die Mittel für die eigene Vorsorge fehlen. Nach einer Studie des Nürnberger Instituts für Arbeitsmarkt- und Berufsforschung leisten sich gerade einmal 17 Prozent der Hartz-IV-Empfänger eine private Altersvorsorge.

Schon heute muss der Durchschnittsverdiener über 27 Jahre schuften, um Anspruch auf eine Rente in Höhe der Sozialhilfe zu haben. Berechnungen sagen: Im Jahr 2035 werden es etwa 35 Jahre sein. Selbst CDU-Arbeitsministerin Ursula von der Leyen warnt inzwischen: Wer derzeit auf 2700 Euro brutto käme, könne nach 35 Berufsjahren anno 2035 mit – zu heutigen Werten – nur 743 Euro Rente rechnen.

Ein Wettlauf abwärts

Das Hauptproblem ist die fehlende Lohnuntergrenze in Deutschland. Staaten von Australien bis Zypern haben einen solchen Mindestlohn. Die USA, Russland, Südafrika und selbst China setzen ein Minimaleinkommen fest, genau wie 20 von 27 EU-Staaten. In vielen Ländern ohne Mindestlohn, in Dänemark etwa, in Schweden, Finnland und Österreich, ist die Tarifbindung derart hoch, dass die Festsetzung eines Minimums überflüssig erscheint.

In Deutschland aber arbeitet nur noch etwa die Hälfte der Arbeitnehmer in tarifgebundenen Betrieben. Unternehmen begehen »Tarifflucht« – sie verlassen ihre Interessenverbände, um nicht mehr an deren Vereinbarungen gebunden zu sein. In manchen Branchen haben Gewerkschaften nur noch wenig zu melden.

Beispiel: die deutsche Fleischindustrie. Hier arbeiten inzwischen in übergroßer Zahl Arbeitskräfte aus Osteuropa, oft angeliefert von Subunternehmern aus ihren Heimatländern, für ein paar Euro pro Stunde. Die riesigen Schlachtfabriken machen mit billigem Fleisch und billiger Arbeit gute Geschäfte – weltweit. Während etwa in Österreich Schlachthöfe pleite gehen. Deren Tariflöhne sind deutlich höher als die nach unten offenen deutschen Billiglöhne, ihre Kosten entsprechend höher. Sie können nicht mehr mithalten. Auch die Mindestlohn-Staaten Frankreich und Belgien kritisieren das deutsche »Sozialdumping«.

Die Mär vom Markt

Einst war das Wirtschaftswunderland Deutschland bekannt für seine homogene Einkommensstruktur. Die Sozialpartnerschaft funktionierte, die Tarifbindung war hoch. Doch dann gewann – mit wachsender Arbeitslosigkeit – die vor allem im angelsächsischen Raum dominante Ideologie der »Deregulierung« und der »freien« Märkte auch hierzulande immer mehr mächtige Anhänger. Ironischerweise vor allem unter der rot-grünen Regierung des SPD-Kanzlers Gerhard Schröder. Das Hauptargument: Unsere Exportnation muss wettbewerbsfähig sein. Folglich müsse Arbeit am Standort Deutschland billiger werden.

Betriebe verlagerten ihre Produktion in Niedriglohnländer. Die Arbeitenden und ihre gewerkschaftlichen Interessenvertreter gerieten unter immer stärkeren Druck. Mit der Freizügigkeit in der EU entstanden grenzüberschreitende Arbeitsmärkte, denen es an Regeln fehlte. Die Folge: Die Löhne stolperten der Produktivitätssteigerung hinterher. Der Anteil der Löhne an der Wertschöpfung sank. Eine Umverteilung von unten nach oben setzte ein.

Was tun? Den freien Fall stoppen

Derzeit gilt – um zumindest die schlimmsten Auswüchse des Lohndumpings zu verhindern – in Deutschland ein Flickenteppich branchenspezifischer Mindestlöhne, von der Abfallwirtschaft (8,33 Euro) bis zum Wachgewerbe (im Osten sieben, in Bayern 8,28 Euro). Sie sind über das Arbeitnehmerentsendegesetz geregelt. Von einem flächendeckenden Minimallohn aber wollte die schwarz-gelbe Regierung bislang nichts wissen. Im Koalitionsvertrag von 2009 ist festgeschrieben: »Einen einheitlichen gesetzlichen Mindestlohn lehnen wir ab.« Obwohl die Europäische Kommission die Mitgliedsstaaten schon vor 20 Jahren aufforderte, »geeignete Maßnahmen zu ergreifen, um sicherzustellen, dass das Recht auf ein angemessenes Arbeitsentgelt geschützt wird«.

Selbst in Großbritannien, dem Mekka der Marktliberalen, wurde der 1909 geschaffene, unter Margaret Thatcher gestrichene Mindestlohn 1999 wieder eingeführt. Die meisten Studien besagen: mit Erfolg. Selbst in Regionen mit besonders schlechter Bezahlung gab es über Jahre keinen Arbeitsplatzabbau. Genauso wenig wie in klassischen Billiglohnbranchen wie Gastronomie, Pflege, Handel und Reinigungsgewerbe.

Doch die FDP, letzte Vorkämpferin des Geldliberalismus, stellt sich weiter strikt gegen ein generelles Lohn-Minimum. Die CDU zeigt allmählich Bewegung. Den allgemein gültigen Mindestsatz lehnt sie weiterhin ab, schlägt jedoch die Einführung von »Lohnuntergrenzen« für all jene Branchen vor, in denen kein Minimum vereinbart ist. Ein kompliziertes System, das vielerlei Schlupflöcher öffnen würde.

Bei Gewerkschaften, SPD, Grünen und Linkspartei ist ein genereller Mindestlohn anders als in der Schröder-Ära längst *Common Sense.* Nur die Höhe ist umstritten. Er muss schnellstmöglich kommen.

Ulrike Herrmann

Europa braucht Eurobonds

Die Euroländer sind reich – und trotzdem gleichen sie Entwicklungsländern. Sie können nämlich pleite gehen. Die Investoren müssen nur ihr Geld abziehen, und schon sind die Euroländer nicht mehr fähig, ihre Schulden zu bedienen.

Zunächst mag es wenig sensationell wirken, dass Euroländer in den Konkurs getrieben werden können. Auch jede normale Firma muss schließen, wenn die Gläubiger plötzlich weitere Kredite verweigern. Doch tatsächlich ist es höchst ungewöhnlich, dass reiche Staaten mit dem Risiko einer Pleite leben müssen.

So ist es schlicht undenkbar, dass die USA, Großbritannien oder Japan bankrott gehen könnten. Dabei sind diese Länder hoch verschuldet: Die Kredite der USA beliefen sich 2012 auf etwa 107 Prozent der jährlichen Wirtschaftsleistung, im Vereinigten Königreich waren es knapp 90 Prozent und bei Japan sogar spektakuläre 237 Prozent. Dagegen wirkt der italienische Schuldenstand von nur 120 Prozent des Bruttoinlandsprodukts geradezu bescheiden. Trotzdem muss Japan für einen zehnjährigen Kredit nur rund 0,8 Prozent Zinsen zahlen, während es bei Italien zeitweise ruinöse sieben Prozent waren. Wie kann das sein?

Japan, Großbritannien und die USA profitieren davon, dass sie eine eigene Notenbank haben, die bei Bedarf die Staatsanleihen ihrer Regierung aufkauft. Die Europäische Zentralbank hingegen kann nicht wie eine normale Notenbank agieren. In den europäischen Verträgen wurde untersagt, dass sie in großem Maßstab auf den Finanzmärkten interveniert. EZB-Chef Mario Draghi hat dieses Verbot zwar kreativ ausgehebelt und angekündigt, dass er »unbegrenzt« Staatsanleihen aufkaufen würde, um den Euro zu retten. Trotzdem ist der Spielraum der Europäischen Zentralbank begrenzt, und auf Dauer kann sie nicht verhindern, dass erneut eine Panik auf den Finanzmärkten ausbricht und die Investoren in einen sogenannten »Käuferstreik« treten.

Bei einem Käuferstreik hat die Masse der Anleger nur noch einen einzigen Gedanken: Sie wollen ihr Geld retten. Sie stufen eine Anlage als so gefährlich ein, dass sie das Papier um jeden Preis abstoßen möchten, selbst wenn sie dabei Verluste machen. Ein derartiger Käuferstreik kann jeden Staat innerhalb von Tagen in die Pleite treiben, wie Italien im Sommer 2011 erleben musste – obwohl es bis dahin als ein völlig gesundes Land galt.

Was war passiert? Am 21. Juli 2011 kündigten die EU-Finanzminister an, dass sie einen Schuldenschnitt für Griechenland erwägen. Die Gläubiger sollten also auf einen Teil ihres Geldes verzichten. Damit verschoben sich sämtliche Koordinaten im Euroraum. Bis dahin hatten die Investoren geglaubt, dass es ausgeschlossen sei, dass ein Euroland Insolvenz anmeldet und seine Kredite nicht vollständig zurückzahlt. Doch diese Gewissheit stellte sich nun als Irrtum heraus. Panisch überlegten die Investoren, welche anderen Eurostaaten vielleicht auch noch pleite gehen könnten. Ihr Blick fiel sofort auf Italien, dessen hoher Schuldenstand plötzlich wie ein unkalkulierbares Risiko erschien. Also vergaben sie keine neuen Kredite mehr, und die Zinsen für Italien schossen nach oben.

Plötzlich war vergessen, dass Italien seine Kredite immer bedient hatte – und sich mit Griechenland nicht vergleichen ließ. Der italienische Schuldenstand ist zwar hoch, aber schon seit 20 Jahren unverändert. Zudem ist Italien vor allem bei seinen eigenen Bürgern verschuldet, die über ein enormes Finanzvermögen verfügen. Eigentlich gibt es keinen Grund, an der Bonität Italiens zu zweifeln. Aber die Investoren ließen sich nur noch von der Panik auf den Finanzmärkten leiten.

Was man verstehen muss: Dieser »Herdentrieb« ist für den einzelnen Anleger rational, selbst wenn die Herde in eine falsche Richtung trampelt. Denn jede Panik gewinnt eine Eigendynamik, gegen die sich ein Investor allein nicht mehr stemmen kann. Sobald die Zinsen steigen, reicht einfachste Mathematik, um auszurechnen, dass es bis zur Pleite nicht mehr weit ist.

Gerade Deutsche fragen sich oft, warum hohe Zinsen ein Problem darstellen sollen. Schließlich lagen die Zinsen in Deutschland vor 30 Jahren auch bei etwa zehn Prozent. Wichtig ist jedoch nicht nur die nominale Höhe der Zinsen, sondern auch Inflation und Konjunktur. Anders ausgedrückt: Zinsen lassen sich dann mühelos zahlen, wenn sie dem nominalen Wirtschaftswachstum entsprechen.

Um es einmal für Italien durchzurechnen: 2012 ist die Wirtschaft dort um real minus 2,1 Prozent geschrumpft, und die Inflation lag bei 3 Prozent. Die Wirtschaft ist also nominal nur um 0,9 Prozent gewachsen. Da muss man kein Mathegenie sein, um zu erkennen, dass sich nominale Zinsen von sieben Prozent auf Dauer nicht bezahlen lassen. Also zogen alle Investoren ihre Kredite so schnell wie möglich ab – was die Zinsen weiter explodieren ließ.

Viele Bürger denken, dass hohe Zinsen auf den Finanzmärkten bedeuten, dass dort viele Spekulanten unterwegs seien. Aber es ist genau andersherum: Hohe Zinsen bedeuten in der Regel, dass sich alle Anleger zurückziehen. Sie fliehen und retten ihr Geld, statt zu investieren oder zu spekulieren. Italien ist nur noch im Euro, weil die Europäische Zentralbank eingegriffen hat. Doch die Panik kann jederzeit zurückkehren.

Eine Finanzpanik trifft die Euroländer nicht nur so hart, weil die Europäische Zentralbank deutlich schwächer ist als andere Notenbanken. Hinzu kommt noch ein zweiter fataler Konstruktionsfehler der Eurozone: Es gibt keine einheitliche Staatsanleihe, also keinen »Eurobond«. Stattdessen emittiert jede Regierung ihre eigenen Papiere – Slowenien genauso wie Finnland, Malta, Zypern oder Deutschland.

Diese Konstruktion ist weltweit und historisch einmalig. Noch nie gab es einen Staatenbund, der eine Währung, aber 17 verschiedene Staatsanleihen hatte. Wie sich jetzt in der Eurokrise herausstellt, kann dies nicht funktionieren.

Ein erstes Problem: Die Investoren können mühelos von einem Euroland zum nächsten wechseln, ohne dass sie ein Kursrisiko bei der Währung eingehen. Sie behalten ja immer den Euro, wenn sie beispielsweise italienische Anleihen verkaufen und dafür deutsche erwerben. Dies macht es noch leichter, ein Euroland in die Pleite zu treiben. Bei Großbritannien zum Beispiel wäre das Risiko viel höher. Denn panische Anleger müssten ja nicht nur die britischen Staatsanleihen loswerden, deren Kurs dann sinken würde – außerdem würden sie beim Verkauf Pfund erhalten, die sie in eine andere Währung tauschen müssten, was nochmals Kursverluste bedeuten würde. Dieser doppelte Kursverlust sorgt recht schnell dafür, dass die Anleger lieber nicht aussteigen und ihre britischen Papiere behalten. Die Panik wird abgewürgt, noch bevor sie entstehen kann. Auch die Eurozone wäre automatisch stabiler, wenn es einen Eurobond gäbe.

Noch gravierender ist ein zweites Problem: Solange es 17 Staatsanleihen gibt, existieren faktisch 17 verschiedene Euros. Sehr deutlich zeigt sich dies bei der Kapitalflucht, die aus den südlichen Euroländern eingesetzt hat. Da Griechen, Spanier, Portugiesen und Italiener fürchten, dass ihre Staaten nicht im Euro bleiben könnten, haben sie ihr Geld vorsorglich nach Deutschland überwiesen. Sie haben also aus einem griechischen oder spanischen Euro einen deutschen Euro gemacht. Durch diese massive Kapitalflucht ist bereits der gesamte Geldmarkt in der Eurozone zusammengebrochen. Im Süden hätten auch gesunde Banken Konkurs anmelden müssen, wenn nicht erneut die Europäische Zentralbank eingesprungen wäre und diese Institute mit Liquidität versorgt hätte. Aber dies ist nur eine Notlösung. Der Euro kann nicht überleben, wenn er von innen gesprengt wird – und nicht mehr als »Einheitswährung« funktioniert.

Bleibt nur eine Frage: Wenn der Eurobond eine gute Idee ist, warum wurde er dann nicht längst eingeführt? Es sind vor allem die Deutschen, die bremsen, denn sie fürchten zwei negative Effekte.

Zum einen haben sie die Sorge, dass die Zinsen für Eurobonds deutlich höher liegen könnten als für deutsche Staatsanleihen – dass also die Bundesrepublik ein Verlustgeschäft machen würde. Zum anderen sieht die deutsche Regierung voraus, dass ein Eurobond direkt in eine Haftungsunion führen würde und Deutschland dann auch für die italienischen oder griechischen Schulden aufkommen müsste.

Beide Sorgen sind unbegründet. Um bei den Zinsen zu beginnen: Die Renditen für Eurobonds würden sehr niedrig liegen. Denn es wäre ein enorm großer Markt, der Papiere im Wert von etwa sieben Billionen Euro umfassen würde. So groß ist sonst nur noch der Markt für Dollar-Papiere. Die Anleger könnten also nicht in einen »Käuferstreik« treten, weil es keinen alternativen Ort gäbe, an dem sie ihr Geld parken könnten. Wo sollten sie denn hin? Die Aufnahmekapazitäten so sicherer Länder wie Japan oder der Schweiz sind längst erschöpft, und auch die USA können nicht die gesamte Liquidität dieser Erde aufsaugen. Wenn es Eurobonds gäbe, könnten die Eurostaaten also diktieren, welche Zinsen sie bereit sind zu zahlen. Die Investoren wären dankbar für diese sichere Anlage.

Genauso sinnlos ist es, dass Deutschland eine Haftungsunion fürchtet – denn die Eurozone ist bereits eine Haftungsunion, wie die Rettungsmilliarden zeigen, die nach Griechenland, Portugal und Irland geflossen sind. Jetzt geht es nur noch darum, diese Haftungsunion möglichst stabil zu gestalten.

Die Deutschen haben keine Wahl: Sie müssen die Eurobonds akzeptieren – sonst fliegt der Euro auseinander. Auf Dauer kann es nämlich nicht funktionieren, dass sich die Eurostaaten gegenseitig behandeln, als wären sie Entwicklungsländer, die jederzeit pleite gehen können.

Sahra Wagenknecht

Ein erster Schritt – die Finanztransaktionssteuer

In den letzten 40 Jahren haben Finanztransaktionen dramatisch zugenommen. Dies betrifft den Handel mit Aktien, Anleihen und Devisen, vor allem aber den Handel mit abgeleiteten Finanzprodukten (Derivaten), mit denen auf die Änderung von Zinsen, Kursen und Preisen spekuliert werden kann. Die Entstehung eines global vernetzten Finanzmarktes, die Beschleunigung des Handels und die Entwicklung zunehmend gefährlicher Finanzprodukte haben die Weltwirtschaft immer instabiler und krisenanfälliger gemacht. Rohstoffpreise, Aktien- oder Wechselkurse werden immer weniger durch reale Verhältnisse und immer stärker durch spekulative Erwartungen bestimmt. Ergebnis sind heftige Preisschwankungen, Spekulationsblasen und anschließende Crashs, oft mit fatalen Folgen für die reale Wirtschaft und die Lebensverhältnisse von Millionen Menschen.

Inzwischen ist das Volumen der globalen Finanztransaktionen 73,5-mal höher als das weltweite Bruttoinlandsprodukt, das Volumen der Devisentransaktionen fast 70-mal so hoch wie der globale Welthandel, der Aktienhandel übersteigt die Unternehmensinvestitionen um das Hundertfache, und der Handel mit Zinsinstrumenten ist mehrere hundert Mal größer als sämtliche Realinvestitionen.[1] Nach Angaben der Bank für Internationalen Zahlungsausgleich explodierte das nominale Wettvolumen außerbörslich gehandelter Derivate von 94 Billionen US-Dollar im Jahr 2000 auf 639 Billionen US-Dollar im Jahr 2012. Vor allem Kreditderivate haben zur jüngsten Finanzkrise und zum Bankrott großer Versicherungen und Banken beigetragen. Wie der berühmte Investor und Multimilliardär Warren Buffet zu Recht feststellte, sind Derivate nichts anderes als »finanzielle Massenvernichtungswaffen«, die weltweit Schäden in Billionenhöhe angerichtet haben.

Ursachen der Expansion der Finanzmärkte

Das enorme Wachstum der Finanzmärkte hat mehrere Ursachen: Der entscheidende Faktor ist die Deregulierung des Bankensektors selbst, dessen Kreditschöpfungskapazität infolge sinkender Eigenkapitalanforderungen, ausgehöhlter Mindestreservebestimmungen und – extra zum Zweck der Kreditschöpfung – konstruierter Derivate faktisch grenzenlos geworden ist. Der deregulierte Bankensektor funktionierte und funktioniert wie eine gigantische Geldmaschine, wobei der übergroße Teil des neu geschaffenen Kreditgeldes auf die Finanzmärkte fließt und dort wachsende Vermögenspreisblasen finanziert.

Parallel dazu hat die Verschuldung von Staaten, Unternehmen und privaten Haushalten in den zurückliegenden Jahrzehnten stark zugenommen. In den USA etwa haben viele Familien versucht, sinkende Löhne durch Aufnahme von Krediten zu kompensieren, was die Konsumnachfrage stabilisiert, aber gleichzeitig zu einer rapide anwachsenden privaten Schuldenlast geführt hat.

Auf der Gegenseite hat die jahrzehntelange Umverteilung von unten nach oben die Anhäufung immer größerer Geldvermögen zur Folge, die auf den Finanzmärkten nach rentablen Anlagemöglichkeiten suchen. Die Privatisierung der Rente hat den Finanzmärkten zusätzlich enorme Geldmittel zugeführt. Hinzu kommen wachsende Ungleichgewichte im Außenhandel, die entsprechende Kapitalströme zum Ausgleich der Zahlungsbilanzen nach sich ziehen. Eine wichtige Rolle spielte auch die Revolution der Informationstechnologien, die den Handel mit Finanzprodukten beschleunigt und vereinfacht beziehungsweise weitgehend automatisiert hat. Schließlich wäre ein selbstverstärkender Effekt zu nennen: So haben starke Schwankungen von Vermögenspreisen, Zinsen und Wechselkursen das Bedürfnis nach Absicherung ebenso erhöht wie die Chance auf Spekulationsgewinne. Beides hat zur verstärkten Nutzung von Derivaten beigetragen.

Sand ins Getriebe der Spekulation streuen

Die Idee, Transaktionen an den Finanzmärkten zu besteuern und damit Sand ins Getriebe der Spekulation zu streuen, hat eine lange Geschichte. Bereits 1936 machte der britische Ökonom John Maynard Keynes den Vorschlag, den Aktienhandel mit einer Steuer zu belegen, um den Einfluss der Spekulation auf die reale Wirtschaft zurückzudrängen.[2] Ein weiterer Vorstoß wurde 1972 vor dem Hintergrund der Zerstörung des Systems fester Wechselkurse von Bretton Woods unternommen. Damals forderte der US-amerikanische Ökonom James Tobin, alle Devisengeschäfte einer Transaktionssteuer in Höhe von 0,1 Prozent zu unterziehen, um den schädlichen Einfluss der Devisenspekulation auf die Wechselkurse zu begrenzen. In den frühen 1990er Jahren wurde die Idee einer Finanztransaktionssteuer von den Vereinten Nationen wieder aufgegriffen, die darin vor allem eine Möglichkeit sahen, neue Ressourcen für die Entwicklungsfinanzierung zu erschließen. Rückenwind erhielt die Forderung nach einer »Tobin-Steuer« dann im Zuge der sogenannten Asienkrise 1997/98, wo massive Devisenspekulation zur drastischen Abwertung verschiedener Währungen führte – mit katastrophalen Folgen für die Wirtschaft und Gesellschaft der betroffenen Länder.

Nicht zufällig im Jahr 1998 wurde mit Attac[3] eine Organisation gegründet, die sich die Besteuerung von Finanztransaktionen auf die Fahnen geschrieben hat. Allerdings bedurfte es einer weiteren schweren Krise, bis es gelang, die Einführung einer Finanztransaktionssteuer auf die politische Tagesordnung zu setzen. Im Oktober 2009 forderte die Kampagne »Steuer gegen Armut« die Bundesregierung auf, sich für eine Steuer auf Finanztransaktionen stark zu machen, eine Forderung, die bis dahin allein die Linkspartei im Bundestag vertreten hatte. Die Kampagne, der sich knapp hundert Organisationen angeschlossen hatten, blieb nicht ohne Wirkung. Nach der Linken, den Grünen und der SPD schloss sich im Sommer 2011 auch die CDU/CSU formal der Forderung nach einer Finanztransaktionssteuer an.

Am 28. September 2011 legte die Europäische Kommission einen Richtlinienentwurf zur Einführung einer EU-weiten Finanztransaktionssteuer vor. Zwar scheiterte dieser Vorstoß am Widerstand von Großbritannien, Irland, Luxemburg, Schweden und anderen Ländern. Doch eine Reihe von Eurostaaten entschloss sich unter dem Druck der Öffentlichkeit, die Steuer im Rahmen der erweiterten Zusammenarbeit einzuführen. Dieses Vorhaben wurde von den Finanzministern der Eurozone im Januar 2013 gebilligt. Wenn alles nach Plan läuft, wird es in elf Eurostaaten, die zusammen etwa 60 Prozent der europäischen Wirtschaftsleistung erbringen, im Jahr 2014 eine Finanztransaktionssteuer geben. Dieses Ergebnis wäre ohne das hartnäckige Engagement zahlreicher Organisationen, Initiativen und kritischen Wissenschaftler undenkbar gewesen. Es wäre aber auch nicht möglich gewesen ohne die besonderen Umstände einer Finanz- und Wirtschaftskrise, die nicht nur den Glauben an das effiziente Wirken von Finanzmärkten schwer erschüttert, sondern auch das Interesse der Regierungen an neuen Finanzierungsquellen zur Deckung der Krisenkosten geweckt hat.

Gute Gründe und schlechte Einwände

Mit einer Steuer auf Finanztransaktionen sollen kurzfristige Spekulationen an den Finanzmärkten unattraktiv gemacht werden. Dadurch sollen die Finanzmärkte stabilisiert, Krisen vorgebeugt und reale Investitionen und Beschäftigung gefördert werden. Selbst bei Einrechnung sinkender Handelsvolumina könnte eine Steuer auf Finanztransaktionen enorme Ressourcen mobilisieren: Schon eine geringfügige Steuer in Höhe von 0,05 Prozent würde weltweit einen hohen dreistelligen Milliardenbetrag (653 Milliarden US-Dollar) generieren, wobei allein auf Europa mehr als 310 Milliarden US-Dollar entfallen würden.[4] Derartige Ressourcen könnten einen wichtigen Beitrag zur Armutsbekämpfung, zum Umweltschutz oder zur Entwicklungsfinanzierung leisten. Und da die Steuer fast ausschließlich von großen Investmentbanken, Hedgefonds beziehungsweise superreichen Familien bezahlt werden müsste, würde sie gleichzeitig für ein wenig Umverteilung und soziale Gerechtigkeit sorgen.

Das Hauptargument der Gegner einer Besteuerung von Finanztransaktionen betraf lange Zeit ihre Machbarkeit: So seien Finanzprodukte und -geschäfte höchst komplex und kaum erfassbar, außerdem ließe sich der Handel per Knopfdruck in andere Länder verlagern. Diese Argumente hat die EU-Kommission in ihrem Richtlinienentwurf berücksichtigt: Demnach muss die Steuer in dem Land entrichtet werden, in dem der Handelspartner *ansässig* ist, unabhängig davon, ob die Geschäfte nun in Deutschland, Hongkong oder auf den Bermudas abgewickelt werden. Außerdem ist die Steuerbasis relativ breit gefasst. Zwar ist der Devisenhandel ausgenommen, Devisenderivate und alle anderen Derivate werden aber zum Nennwert des zugrunde liegenden Geschäfts herangezogen. Da in der EU künftig auch der außerbörsliche Derivatehandel über zentrale Clearingstellen abgewickelt werden soll, wird hier mehr Transparenz geschaffen und jedes Derivat steuerlich erfassbar gemacht.

Fest steht allerdings auch, dass der Entwurf der EU gravierende Schwachstellen hat, die seine Umgehung leichtmachen: So sollen die Geschäfte ausländischer Tochtergesellschaften nicht erfasst beziehungsweise besteuert werden. Das bedeutet, dass die Finanzkonzerne die Steuer schlicht durch Auslagerung der entsprechenden Geschäfte an ihre ausländischen Unternehmenstöchter vermeiden können. Eine solche Praxis bietet sich umso mehr an, als es nicht gelungen ist, Großbritannien und damit einen der weltweit größten Finanzmärkte, die City of London, einzubeziehen. Das zeigt, dass die Lobbymacht der großen Banken und Hedgefonds nicht nur in den USA, sondern auch in Europa nach wie vor stark genug ist, jeden Vorstoß der Politik, der ihren Interessen zuwiderläuft, entscheidend zu verwässern.

Fazit

Natürlich stellt eine Steuer auf Finanztransaktionen kein Allheilmittel dar. Wer künftige Krisen und eine endgültige Zerstörung der Demokratie verhindern will, muss weiter gehen. Statt einer negativen Vermögenssteuer in Form der heutigen Bankenrettung, die den Normalbürger zwingt, für die Vermögensverluste der Oberschicht zu zahlen, brauchen wir eine positive Vermögenssteuer, die an die Substanz geht, und eine radikale Umverteilung der Einkommen von oben nach unten. Die großen Finanzkonzerne müssen nicht mit Steuergeld alimentiert, sondern zerschlagen und entmachtet werden. Die Geldmaschine gehört nicht in die Hände privater Renditejäger, sondern unter öffentliche Kontrolle. Auch die Entscheidung über die Finanzierungsbedingungen ganzer Staaten darf nicht länger Investmentbankern und Ratingagenturen überlassen werden. Gefährliche Finanzprodukte gehören nicht besteuert, sondern verboten.

Die Einführung einer Finanztransaktionssteuer in einem großen Teil Europas ist trotz aller Einschränkungen ein Schritt in die richtige Richtung. Perspektivisch allerdings geht es um weit mehr. Wer Demokratie und Sozialstaat wiederherstellen will, muss die Diktatur der Finanzmärkte beenden.

Wolfgang Hetzer

Die Deutsche Bank und andere Verdächtige: Plädoyer für ein Unternehmensstrafrecht

Unternehmen als kriminelle Vereinigungen

Die Firmen Siemens AG, MAN und etliche andere Unternehmen sind keine Mafia-Organisationen. Sie haben manchmal nur einen entsprechenden Anschein erweckt, wie die gegen sie erhobenen Korruptionsvorwürfe zeigen.

Immerhin 74 Prozent der Bevölkerung in Deutschland glauben zwar, dass das, was Banker tun, gefährlich ist.[1] Deswegen muss beispielsweise die Deutsche Bank aber noch keine kriminelle Vereinigung sein. Grundsätzlich ist eine Bank eine Bank. Und eine kriminelle Vereinigung ist kriminell. In Teilen der deutschen Presse hielt man es im Dezember 2012 deshalb auch für maßlos übertrieben, wenn man behauptete, dass die Deutsche Bank doch eine derartige Vereinigung sei.

Gleichwohl ist die Vermutung, dass sich Bankgeschäfte grundsätzlich immer und überall von den Aktivitäten organisierter Kriminalität unterscheiden lassen, widerlegbar. Insbesondere die Deutsche Bank ist in jüngerer Zeit in den Ruch einer Räuberbande geraten.[2] Das »Sündenregister« des international bedeutendsten deutschen Finanzinstituts hat mittlerweile einen beeindruckenden Umfang. Unbeschadet der Geltung der Unschuldsvermutung ist die Liste der Vorwürfe und Gerichtsverfahren so lang, dass hier eine nicht abschließende Aneinanderreihung von Stichworten genügen muss:

- Nichterfüllung von Beratungspflichten bei Zinswetten
- Wetten auf die Katastrophe beim Handel mit strukturierten Hypothekenpapieren miserabler Qualität im Hinblick auf das Platzen der Immobilienblase trotz deutlicher jahrelanger Warnungen
- kartellrechtswidrige Absprachen im Handel mit Kreditausfallversicherungen
- Erschwerung des Markteintritts für Mitbewerber beim Verkauf eines Clearinghauses
- betrügerischer Zugang der Deutsche Bank Tochter Mortgage IT zu einem amerikanischen Regierungsprogramm, das für Hypotheken bürgte
- unrechtmäßige Kündigung von Wohnungen und Häusern unter anderem in Los Angeles (LA), USA
- Zwangsräumung und Verfall von Wohnraum (Entwicklung der Deutschen Bank zu einem der größten »Slumlords« in LA)
- Falschangaben beim Verkauf hypothekarisch gesicherter Wertpapiere (zusammen mit 16 anderen Banken wurde ein Schaden von mehr als 200 Milliarden US-Dollar verursacht, davon gehen 14 Milliarden US-Dollar allein auf das Konto der Deutschen Bank)
- Betrug bei Geschäften mit elf Finanzvehikeln (Fonds »Loreley«) mit Schadenersatzforderungen in Höhe von 440 Millionen US-Dollar
- Falschangaben beim Verkauf hochverzinslicher verbriefter Hauskredite
- Zinssatzmanipulationen (Libor und Euribor)
- Konstruktion einer Kette von Handelsgeschäften zur Erzielung großer Gewinne auch bei kleinen Zinssatzveränderungen durch Zinswetten (Gewinn: 500 Millionen Euro)

- Verstöße gegen Sanktionsvorschriften bei Geschäften mit bestimmten Ländern (unter anderem Iran, Sudan)
- unangemessen hohe Bewertungen komplexer Derivate-Konstrukte in einem bis zu 130 Milliarden US-Dollar schweren Portfolio
- Vertuschung krimineller Vorgehensweisen beim Handel mit Verschmutzungsrechten (CO_2-Zertifikate)
- Versuch zur Sicherung eines höchst lukrativen Geschäfts durch öffentliche Äußerungen über die angeblich mangelnde Bonität eines Medienunternehmers (Kirch)
- betrügerische Irreführung der Stadtverwaltung von Mailand im Zusammenhang mit Zinsprodukten (Gesamtschaden: 89,6 Millionen Euro)
- Beihilfe zur Verschleierung von Verlusten der italienischen Banca Monte dei Paschi di Siena durch ein komplexes Absicherungsgeschäft vor der Beantragung staatlicher Hilfe
- illegaler Betrieb elektronischer Zahlterminals im Vatikan
- Auslösung der Vertrauenskrise auf den Finanzmärkten gegenüber Italien und der von Berlusconi geführten Regierung durch Anleiheverkäufe
- Manipulation des Energiemarkts in Kalifornien
- Erzielung unrechtmäßiger Gewinne in Höhe von knapp 137 000 US-Dollar durch bewusste Generierung von Verlusten bei physischen Transaktionen im Interesse eines umso höheren Profits auf dem US-Markt mit Energiederivaten[3]
- betrügerischer Kauf und Verkauf von Strom, um den Eindruck einer Überlastung des Stromnetzes zu erwecken, so dass die Aufsichtsbehörden den Händlern Prämien zahlten, um die vermeintlich überschüssigen Energiemengen aus dem Markt zu nehmen
- Manipulation von Bilanzen
- Verteidigung gegen Bedenken wegen des mit den Zinswetten einhergehenden Risikos mit der Behauptung, dass die

Deutsche Bank die Entwicklung der Zinssätze, auf die sie wettete, beeinflussen könne

Aus der Sicht der Deutschen Bank treffen bestimmte Vorwürfe nicht zu. Sie behauptet einerseits, dass ihre Strategie auf einer Markteinschätzung über die wahrscheinliche Richtung von Zinssätzen beruhe, nicht auf einem Glauben, dass die Bank in unangemessener Weise Interbank-Zinssätze beeinflussen könnte. Zudem handele es sich nicht um Spekulationen auf die eigenen Bücher, sondern um Transaktionen, die zur Absicherung anderer Geschäfte dienten.

Andererseits erklärte einer der Chefs der Bank, Anshu Jain, dass vor allem die Jahre 2006 bis 2008 Jahre des »kollektiven Versagens« gewesen seien. 80 Prozent der Fälle, die jetzt die Aufmerksamkeit auf sich ziehen, stammten aus dieser Phase. Jain bekannte, dass die Deutsche Bank Teil davon war.[4] Im Hinblick auf die Manipulationsvorwürfe beim »Libor-Zinssatz« gab er an, dass ihn dieser »Vertrauensmissbrauch« am meisten enttäuscht habe.

Ein Kollege, James Dimon, Vorstandschef der amerikanischen Großbank JP Morgan, sprach unterdessen von »schrecklichen Fehlern einzelner«.

Jain ist bemüht, den angeblichen Wandel der Deutschen Bank hervorzuheben. Sie sei inzwischen ein ganz anderes Institut als vor der Finanzkrise. Das Geschäftsmodell basiere stärker auf stabilen Bereichen wie dem Privatkundengeschäft. Der Wertpapierhandel auf eigenes Risiko sei eingestellt worden. Man habe auch die Vergütung deutlich auf den nachhaltigen Erfolg ausgerichtet. Mit dem eingeleiteten Kulturwandel stehe die Deutsche Bank ganz vorne.[5] Im übrigen verteidigen sowohl Jain als auch Dimon das Geschäftsmodell der Universalbank, das jedoch auch auf europäischer Ebene auf dem Prüfstand steht.

Ein Ermittlungsverfahren ist noch kein Prozess, erst recht kein Urteil. Verdächtige gelten als unschuldig, solange die Justiz nicht zu einem rechtskräftigen gegenteiligen Ergebnis gekommen ist. Das Image der Deutschen Bank ist durch Ermittlungen in Deutschland unter anderem wegen versuchten Prozessbetrugs, Vertuschung, Steuerhinterziehung in großem Stil und Geldwäsche und Verfahren in den USA wegen fragwürdiger Geschäfte und wegen Schadenersatzklagen in Milliardenhöhe dennoch ziemlich lädiert.[6]

Schmutzige Geschäfte mit Verschmutzungsrechten

Dem amtierenden Bankchef Jürgen Fitschen wird unrechtmäßiges Verhalten (Steuerbetrug) beim Handel mit »Verschmutzungsrechten« vorgeworfen.[7] Diese Vorgänge haben bis zur Einleitung des Ermittlungsverfahrens die Deutsche Bank schon 300 Millionen Euro gekostet. Das Institut war von der britischen Steuerbehörde zwar frühzeitig vor kriminellen Machenschaften in diesem Geschäftsfeld gewarnt worden. Die Bank schien dadurch aber nicht allzu sehr beeindruckt gewesen zu sein. Sie unterließ ein internes Durchgreifen und unterband derartige Geschäfte in den eigenen Reihen nicht, obwohl man bereits im Herbst 2009 Hinweise erhalten hatte, dass große Teile des Emissionshandels mit Betrugskriminalität behaftet seien. Kriminelle Banden haben den deutschen Fiskus beim Handel mit Verschmutzungsrechten um Hunderte Millionen Euro Umsatzsteuer betrogen. In vielen Fällen soll die Deutsche Bank hierzu Beihilfe geleistet haben. Sie hatte ihre Geschäfte in diesem Bereich ungeachtet der alarmierenden Warnungen sogar noch ausgeweitet und setzte die Zusammenarbeit mit dubiosen Firmen fort, bis die Justizbehörden Ende April 2010 eine erste Razzia durchführten, der Mitte Dezember 2012 die zweite und wenige Tage später die dritte folgte.

Diese Erfahrungen haben Fitschen weniger veranlasst, die Organisation seines Hauses zu überprüfen, als sich beim Ministerpräsidenten des Landes Hessen über den »massiven« Einsatz mit 500 teils bewaffneten Beamten zu beklagen. Man rechnete zwar nicht mit einem gewalttätigen Widerstand der Banker. Die Waffen galten aber als starkes Symbol. Sie deuteten nach dem Empfinden eines Journalisten auf die besondere Gefährlichkeit hin, die der Staat diesen Tatverdächtigen zutraut: Banker können Schwerkriminelle sein, die eine ganze Gesellschaft als Geisel halten.

Der zitierte Beobachter hat richtig erkannt: Das größte Versagen der Bundeskanzlerin liegt darin, der Macht dieser Leute immer noch keinen Einhalt geboten zu haben, obschon es um vorsätzliche Hilfe zur bandenmäßigen Steuerhinterziehung geht. Gleichzeitig handelt es sich um die größte Chance des Herausforderers der Bundeskanzlerin. Den Banken ist jedes Maß abhandengekommen. Das ist ein Kennzeichen des Kapitalismus insgesamt, seitdem die sozialistischen Länder zusammengebrochen sind. Die Deutsche Bank steht als »Zentrale der Deutschland AG« nun im Verdacht der besonders gut organisierten Kriminalität. Dazu passt das Selbstverständnis der »Deutsch-Banker«. Der »Beschwerde-Anruf« des Beschuldigten Fitschen beim hessischen Ministerpräsidenten wegen der vorweihnachtlichen Razzia zeigt, was man bislang als Vertreter dieser Bank von einem Ministerpräsidenten erwarten durfte. Das Versagen der Politik wird dabei offenkundig. In den Wahlkämpfen des Jahres 2013 könnten politische Mitbewerber den Banken zeigen, dass die Zeit der Späße vorüber sei.[8] Die Wahrscheinlichkeit, dass dies tatsächlich wirkungsvoll und nachhaltig geschieht, dürfte bei Fortsetzung der bestehenden politischen Verhältnisse jedoch äußerst gering sein.

Brandstifter als Feuerwehr?

Es charakterisiert das Rechtsempfinden und die Begabung zur feinen Ironie, dass Fitschen sich in einem Telefongespräch mit dem hessischen Ministerpräsidenten Sorgen um die verheerende Wirkung des Vorgehens von Strafverfolgungsbehörden auf das Bild der Deutschen Bank macht.[9] Es ist nicht klar, ob er damals schon begriffen hatte, dass sich das Institut in der tiefsten Krise seiner Nachkriegsgeschichte befindet und noch nie so gedemütigt, erniedrigt und ratlos dastand wie in diesen Tagen am Ende des Jahres 2012. Bis dahin hatte sich sein Unternehmen ganz selbstverständlich als Beraterin der Mächtigen in Politik und Wirtschaft verstanden.

Immerhin benötigte dieser Chef der Deutschen Bank relativ kurze Zeit, bis er verstanden zu haben schien, dass der Anruf bei dem Ministerpräsidenten des Landes Hessen, Volker Bouffier, ein Fehler war. Über eine Tageszeitung ließ er wissen, dass er sich damit nicht über das Gesetz stellen wollte und die Unabhängigkeit der Rechtspflege auch für ihn ein »hohes Gut« sei. Er wollte seine »tiefe Betroffenheit« über die Wahrnehmung der »Vorgänge« (Hausdurchsuchung) im Ausland ausdrücken. Die Deutsche Bank kooperiere »vollumfänglich« mit den Ermittlungsbehörden. Fitschen sieht seine Glaubwürdigkeit als (künftiger?) Präsident des Bundesverbandes deutscher Banken nicht beschädigt.[10]

Man könnte darüber spekulieren, ob die noch vorhandene (?) Glaubwürdigkeit von Fitschen reicht, um solche

Äußerungen ernst zu nehmen. Die Führung des deutschen Richterbundes hält es für »bestürzend«, dass ein Bankvorstand glaubt, durch ein Telefonat, das als »skandalös und fatal« eingeschätzt wird, Einfluss auf die Unabhängigkeit der Justiz nehmen zu können. Dieses Vorgehen eines »Wirtschaftsführers« zeige ein grundlegendes Missverständnis des Gewaltenteilungsprinzips. Durch das Verhalten von Fitschen entstehe der Eindruck, die Justizorgane seien durch einen Anruf bei Politikern verfügbar.[11]

Angeblich sind die Mitarbeiter der Deutschen Bank von der Tiefenwirkung schockiert, die von der jüngsten »Affäre« ausgeht. Nach den anderen »Skandalen« (zum Beispiel beim Vorwurf, den Interbankenzinssatz Libor manipuliert zu haben) war es für die Angestellten in Deutschland einfacher, die Verantwortung abzuschieben. Schuld waren die Investmentbanker in London und den USA. Doch dieser Reflex funktioniert jetzt nicht mehr. Diesmal sind Mitarbeiter beschuldigt, die in ihren jeweiligen Zuständigkeitsbereichen ihre »normale« Arbeit getan haben. Es geht (noch) nicht um »Manager«. Es hat sich Angst verbreitet. Man befürchtet, dass einzelne Mitarbeiter zur Verantwortung gezogen werden könnten, weil sie das getan haben, was von ihnen erwartet wurde. Die anfänglichen Beschuldigungen (schwere Steuerhinterziehung, Vernichtung von Beweisstücken) dürften aber wohl nur die Spitze des Eisbergs sein. Die Deutsche Bank steht, wie bereits angedeutet, in einer Vielzahl von Konflikten vor Gericht. Selbst hochrangige Mitarbeiter fragen sich allmählich, ob sie sich schämen müssen, für diese Bank zu arbeiten. Inzwischen will angeblich niemand unter den Mitarbeitern seine Hand für die Chefs ins Feuer legen. Trotz des vollmundig von der neuen Führung dieses Geldhauses angekündigten Kulturwandels ist anscheinend das »gnadenlose Streben nach Bestleistungen« geblieben. Das alte Vertrauen, dass auch im Finanzsektor Verantwortung und Anstand herrschen, gilt als zerstört. Die Deutsche Bank steht an der Spitze des wahrgenommenen Sittenverfalls. Das ist nur folgerichtig. Bei der Deutschen Bank geht es aber – anders als bei andern Banken (zum Beispiel Hypo Real Estate, IKB und Landesbanken) – nicht um Selbstüberschätzung und Dummheit im Rahmen eines Missmanagements. Niemand unterstellt der angeblich professionellsten deutschen Bank Dummheit. Sollte sie gefehlt haben, dann mit voller Absicht.

Schon der ehemalige Vorstandsvorsitzende der Deutschen Bank, Josef Ackermann, war nicht in der Lage, seine Kollegen rechtzeitig wissen zu lassen, dass man gewisse Dinge einfach nicht tut. Das gilt wohl auch für Jürgen Fitschen. Es erscheint als »ironische Wendung«, dass mit ihm ein Mann am Pranger steht, der in seinen Kreisen als besonders tugendhaft gilt. Aber auch Fitschen hatte, wie Ackermann und andere, mitgemacht. Sie waren alle Teile des Systems gewesen. Die schon damals Getriebenen lassen sich auch jetzt noch weiter treiben, indem sie ihre Kollegen und Mittäter den angeblichen Kulturwandel gestalten lassen. Der Idee, den Brandstifter das Feuer löschen zu lassen, wohnt eine gewisse Logik inne. Der Brandstifter dürfte am besten wissen, wo es brennt.

Dogmatik gegen Gerechtigkeit

Die Frage, ob und gegebenenfalls wie das Handeln von Wirtschaftsunternehmen jenseits des strafwürdigen Verhaltens einzelner Mitarbeiter selbst zum Gegenstand strafrechtlicher Ahndung werden kann, wurde in Deutschland immer wieder und mit wechselnder Intensität kontrovers diskutiert.[12] Die Strafbarkeit von Unternehmen gilt hierzulande offensichtlich immer noch als Kuriosum weniger, insbesondere anglo-amerikanischer Rechtsordnungen. Es ist jedoch nicht mehr zu übersehen, dass sich die Unternehmens- oder Verbandsstrafe weltweit auf dem Vormarsch befindet. Auf europäischer Ebene gibt es nicht nur eine »Tendenz« zu einem echten Unternehmensstrafrecht. Eine strafrechtliche Verbandssanktion findet man nicht nur in den Ländern des »Common Law« (England, Wales, Irland). Echte Verbandsstrafbarkeit existiert auch in den Niederlanden, Portugal, Frankreich, Finnland, Dänemark, Slowenien, Belgien und Polen. In Österreich ist ein Verbandsverantwortlichkeitsgesetz (VbVG) zum 1. Januar 2006 in Kraft getreten. Außerhalb der EU kann das Verhalten von Unternehmen in den USA, Kanada, Australien, Neuseeland, Japan, China, Südkorea, Norwegen, Island Südafrika ebenfalls strafrechtlich geahndet werden. Auch die Schweiz hat mit Wirkung zum 1. Oktober 2003 die Strafbarkeit von Unternehmen eingeführt.

Die Europäische Kommission hatte sich schon vor vielen Jahren für eine zwingende strafrechtliche Verantwortung von juristischen Personen eingesetzt. In den folgenden Verhandlungen sprachen sich immerhin zwei Drittel der Mitgliedstaaten für die europaweite Einführung der Verbandsstrafe aus.

In das »Zweite Protokoll vom 19. Juni 1997 aufgrund von Artikel K. 3 des Vertrags über die Europäische Union zum Übereinkommen über den Schutz der finanziellen Interessen der Europäischen Gemeinschaften« wurden schließlich detaillierte Vorschriften über die Verantwortlichkeit von juristischen Personen und deren Sanktionierung eingeführt. Danach ist jeder Mitgliedstaat zu Maßnahmen verpflichtet, um sicherzustellen, dass solch eine Person für den Betrug, die Bestechung und die Geldwäsche, die zu ihren Gunsten von einer natürlichen Person begangen werden, die entweder allein oder als Teil eines Organs der juristischen Person gehandelt hat und die dort aufgrund bestimmter Vertretungs-, Entscheidungs- und Kontrollbefugnisse eine Führungsposition innehat, verantwortlich gemacht werden kann. Dies gilt auch für den Versuch, die Anstiftung und die Beihilfe.

Daneben hat jeder Mitgliedstaat die erforderlichen Maßnahmen zu treffen, um sicherzustellen, dass eine juristische Person verantwortlich gemacht werden kann, wenn mangelnde Überwachung oder Kontrolle seitens einer der vorgenannten Personen die Begehung eines Betrugs, einer Bestechungshandlung oder einer Geldwäschehandlung durch eine dieser unterstellten Person zugunsten der juristischen Person ermöglicht hat. Deren Verantwortlichkeit schließt die strafrechtliche Verfolgung natürlicher Personen als Täter, Anstifter oder Gehilfe in dem Betrugs-, Bestechungs- oder Geldwäschefall nicht aus.

Jeder Mitgliedstaat hat zudem sicherzustellen, dass gegen eine der im beschriebenen Sinne verantwortlichen juristischen Person wirksame, angemessene und abschreckende Sanktionen verhängt werden können. Dazu können strafrechtliche oder nichtstrafrechtliche Geldsanktionen und andere Sanktionen gehören.

Nach Ansicht von Rat und Kommission spielen juristische Personen eine bedeutende Rolle für die Entwicklung der genannten Deliktsfelder. Auch das von europäischen Wissenschaftlern schon vor vielen Jahren erarbeitete Modellstrafgesetzbuch zum Schutz der finanziellen Interessen der EU (»Corpus Juris«) sieht die strafrechtliche Verantwortlichkeit von juristischen Personen vor. Mittlerweile gibt es eine beeindruckende Fülle von neueren europäischen Rechtsakten, die entsprechende Regelungen vorsehen. Die gleiche Entwicklung ist im Europarat und in einer Vielzahl internationaler Übereinkommen festzustellen. Dazu gehört auch die Konvention der Vereinten Nationen gegen Korruption (Artikel 26).

Der in Deutschland gepflegte dogmatische Schlummer wird aber bislang weder durch die Fortschritte in anderen Rechtsordnungen noch durch europäische und internationale Initiativen nachhaltig gestört. Man behauptet nach wie vor in festem Ton, dass Deutschland im Kampf gegen Korruption und Unternehmenskriminalität gesetzestechnisch gut aufgestellt sei. Hier prägt ein ausschließlich individueller Ansatz das Kernstrafrecht. Kommt es zu Straftaten im Zusammenhang mit der Tätigkeit von Unternehmen, versucht man durch die Anwendung des Ordnungswidrigkeitengesetzes bestehende Strafbarkeitslücken zu schließen. So will man auf die Verantwortlichkeit der natürlichen Personen »durchgreifen«.

Die Einführung einer kriminalstrafrechtlichen Verbandssanktion ist in Deutschland nicht zuletzt unter dem Eindruck der neueren Entwicklung zur Ausgrenzung des Ordnungsunrechts aus dem Strafrecht abgelehnt worden. Die Zwecke, die mit einer Sanktion gegen eine juristische Person und Privatperson verfolgt werden, könne man auch durch eine Geldbuße erreichen. Die Verhängung einer Kriminalstrafe sei nicht vereinbar mit dem Schuldstrafrecht, das eine sozialethische Vorwerfbarkeit voraussetze. Es bestehe auch eine Unvereinbarkeit mit dem »Wesen« der Schuld, die sozialethischen Tadel ausdrücke. Der juristischen Person könne eben kein sozialethischer Vorwurf gemacht werden.

Das sind alles Behauptungen, die nicht nur angesichts des eklatanten Versagens zahlreicher Unternehmen und Konzerne überall auf der Welt antiquiert anmuten, haben sich manche dieser Konglomerate doch in kriminelle Hochleistungszentren verwandelt, denen man offensichtlich in dogmatischer Selbstbeschränkung und naiver Verblendung oder wegen politischer Ambitionen nicht wirksam entgegentreten will. Es liegt auf der Hand, dass das herkömmliche Verständnis von Schuld im Sinne einer persönlichen, sittlichen Vorwerfbarkeit nicht auf Unternehmen beziehungsweise juristische Personen passt.

Die Antwort auf die Frage, welche Perspektiven das Unternehmensstrafrecht in Deutschland hat, wird davon abhängen, ob die derzeitigen Regelungen den modernen Anforderungen gerecht werden oder ob jenseits des bestehenden ordnungswidrigkeitsrechtlichen Instrumentariums ein Bedürfnis nach *strafrechtlichen* Sanktionierungsmöglichkeiten besteht. Die Einführung einer Verbandsstrafe muss selbstverständlich auch in Deutschland nicht an »dogmatischen« Hindernissen scheitern. Die Vorstellung, dass Verbandspersonen selbst handeln und damit eigene Schuld konstituieren, erscheint nur auf den ersten Blick befremdlich. Der Einwand des Mangels an Handlungsfähigkeit, Schuldfähigkeit und Straffähigkeit ist unbegründet, weil jedes Unternehmen ein eigenständiges Subjekt der sozialen Realität ist. Jeder Verband ist primärer Zurechnungsendpunkt bei Normverletzungen, da er Hauptadressat der durch das Strafgesetz oder eine Bußgeldvorschrift geschützten Verhaltensregeln ist. Zwischen dem Verhalten einer natürlichen Person und dem Verhalten eines Unternehmens oder eines Verbandes als juristische Person gibt es keine wesentlichen Unterschiede.

Die Anerkennung der Verbandsgeldbuße bei gleichzeitiger Ablehnung der Strafbarkeit einer juristischen Person könnte man sogar als »Etikettenschwindel« oder »dogmatisches Vakuum« bezeichnen. Allein der Hinweis auf die »ethische Indifferenz« der Geldbuße kann die Brüche im Sanktionensystem jedenfalls nicht überdecken. Neue Einsichten werden dann möglich, wenn man das strafbare Handeln der Vertreter in vollem Umfang als Eigendelinquenz des Verbandes betrachtet. Die postulierte Trennung zwischen dem Verband und seinen berufenen Vertretern besteht in Wahrheit nicht.

Für den Verband ist die Bezugstat stets dann vermeidbar, wenn sie für das Organ oder den Vertreter vermeidbar war. Der Gesetzgeber ist also auch in Deutschland keineswegs daran gehindert, eine strafrechtliche Verantwortlichkeit von Verbandspersonen einzuführen. Man könnte und müsste ein Unternehmen auch dann mit *strafrechtlichen* Mitteln zur Verantwortung ziehen, wenn es nicht in der Lage ist, einen rechtmäßigen Geschäftsbetrieb zu gewährleisten. Dabei mag man auf die Feststellung eines konkret handelnden Individualtäters verzichten.

Ein modernes Unternehmensstrafrecht in Deutschland würde sich nicht nur in eine mittlerweile fest etablierte europaweite und globale Tradition einfügen. Es könnte auch zu einer Verbesserung der Wettbewerbsbedingungen beitragen. Kriminell handelnde Unternehmen verfügen über kaum einzuholende Wettbewerbsvorteile. Ihre strafrechtliche Verfolgung könnte vielleicht sogar zum funktionellen Äquivalent eines marktkonformen Steuerungsmittels werden. Damit wäre der traditionelle Horizont der Strafzwecke in einer zwar unüblichen, aber ermutigenden Weise überschritten. Die hierdurch eröffneten Chancen für eine wirksamere strafrechtliche Präventions- und Sanktionspraxis wiegen schwerer als einige »dogmatische« Bauchschmerzen. Dahinter verbergen sich im übrigen häufig ohnehin nur wirtschaftliche Interessen und korporative Bedrohungsgefühle. Gegenüber einem effektiven Rechtsgüterschutz im Interesse der Allgemeinheit sind solche Faktoren nachrangig.

Quantität und Qualität der korruptiven Praktiken international operierender Unternehmen sind mit dem individualisierenden Zurechnungskonzept des überkommenen deutschen Strafrechts nicht mehr zu bewältigen. Manche Unternehmen haben sich in Hochburgen krimineller Machenschaften verwandelt, in denen die Handlungsmuster der organisierten Kriminalität alltägliche Geschäftspraxis geworden sind. Im Wettbewerb um lukrative Aufträge haben sich Mitarbeiter und Führungskräfte ganzer Konzerne auf allen Hierarchieebenen so weit korruptiv verstrickt, dass eine *Systemkriminalität* entstanden ist, an der das konventionelle deutsche Verständnis des strafrechtlichen Rechtsgüterschutzes und des Schuldgrundsatzes scheitern muss. Das deutsche Strafrecht ist auf die Herausforderungen moderner Unternehmensdelinquenz nicht vorbereitet.

Organisierte Kriminalität gerät so zur »Ordnungswidrigkeit«. Kriminelles Unrecht wird banalisiert. Man bestreitet den Übergang von der Unternehmerschaft zur Täterschaft und erliegt der politischen Gegenmacht großer Unternehmen, den gesellschaftlichen Einflussmöglichkeiten politisierender Wirtschaftsführer sowie den Beschwichtigungsstrategien eingeschüchterter Verwaltungen. Die Willfährigkeit unqualifizierter Politiker wird ebenso ausgenutzt wie die Hilflosigkeit eines allzu häufig überforderten Justizsystems. Wegen der mit der Globalisierung einhergehenden Zunahme des grenzüberschreitenden Handels mit Waren und Dienstleistungen gehen insbesondere Bestechungen im privaten Sektor über nationale Dimensionen so weit hinaus, dass eine wirksamere Bekämpfung der Korruption zumindest in den Mitgliedstaaten der EU gemeinsame und vereinheitlichte Maßnahmen erfordert.

Der Mangel einer weltweit allgemein anerkannten Legaldefinition korruptiven Verhaltens und die große Varianz nationaler gesetzlicher Regelungsansätze verleihen bestimmten Maßgaben der EU zur Bestimmung vorsätzlicher Handlungen als Straftaten eine besondere Bedeutung, insbesondere wenn diese im Rahmen von Geschäftsvorgängen ausgeführt werden. Alle Mitgliedstaaten der EU haben sicherzustellen, dass Handlungen Straftaten darstellen, bei denen jemand unmittelbar oder über einen Mittelsmann einer Person, die für ein Unternehmen im privaten Sektor in leitender oder sonstiger Stellung tätig ist, einen »unbilligen Vorteil« für diese Person selbst oder für einen Dritten verspricht, anbietet oder gewährt, damit diese Person unter Verletzung ihrer Pflichten eine Handlung vornimmt oder unterlässt – »Bestechung« (spiegelbildlich auch für »Bestechlichkeit«).

Jeder Mitgliedstaat der EU muss gewährleisten, dass für die vorgenannten Handlungen (inklusive Anstiftung und Beihilfe) eine juristische Person verantwortlich gemacht werden kann, die zu ihren Gunsten von einer Person begangen werden, die entweder allein oder als Teil eines Organs der juristischen Person gehandelt hat und dort eine Führungsposition bekleidet. Die jeweiligen Handlungen müssen mit wirksamen, angemessenen und abschreckenden Sanktionen gegen die juristische Person geahndet werden. Dazu gehören mindestens *Geldstrafen* (nicht nur Bußen beziehungsweise privatrechtlich vereinbarte »Sanktionen«), der Ausschluss von öffentlichen Zuwendungen, das Verbot von Handelstätigkeiten und eine richterliche Aufsicht sowie erforderlichenfalls Auflösung.

Das Strafrecht gilt als schärfstes Schwert des Staates. Es soll deshalb »Ultima Ratio« sein. Sein Einsatz darf allerdings nicht zu spät erfolgen. Im Hinblick auf das Verhalten der Banken gibt es keine vertrauenswürdigen und verlässlichen Alternativen. Die Einführung eines strafrechtlichen Schutzes gegen Unternehmen, die mit ihrer Gefährlichkeit und Gemeinwohlschädlichkeit jede Mafia-Gruppierung in den Schatten stellen, ist dringend erforderlich. Aber man sollte sich vor Illusionen hüten: Auch ein reformiertes Strafrecht wird das kriminelle Potential der etablierten Netzwerke zwischen Wirtschaft und Politik nicht verringern können. Die Zuständigkeit und die Möglichkeiten von Gerichten enden hier leider allzu oft. Nur der Souverän selbst könnte daran etwas ändern. Dabei ist er nicht auf den Gang zur Wahlurne beschränkt.

Jens Berger

Steuern erhöhen statt Ausgaben kürzen

Die Eurokrise ist bereits tief in die Köpfe der Deutschen vorgedrungen. Hatten unsere Landsleute früher Angst vor Kriegen, der Umweltverschmutzung oder dem sozialen Abstieg, so bereitet ihnen heute die »Staatsverschuldung« die größten Sorgen. Dies ist zumindest das Ergebnis des »Sorgenbarometers« der Zeitschrift *Stern*. Demnach sollen sich angeblich 62 Prozent aller Deutschen vor den hohen Staatsschulden Deutschlands fürchten. Das Bild eines schweißgebadeten Michels, dem nächtens in einem Albtraum die berühmt-berüchtigte Schuldenuhr des Bundes Deutscher Steuerzahler erschienen ist, bestimmte daher auch in den letzten Jahren die politische Debatte. Sparen, sparen, sparen wurde zum obersten Leitsatz von Regierung und Parteien.

Es ist müßig, über die Sinnhaftigkeit oder Sinnlosigkeit eines Schuldenabbaus inmitten einer tiefgreifenden Wirtschaftskrise zu debattieren. Durch die Schuldenbremse und den Fiskalpakt ist der Schuldenabbau ohnehin im wahrsten Sinne des Wortes zum ehernen Gesetz geworden. Ob wir dies wollen oder nicht, dafür haben sowohl die rot-grüne als auch die schwarz-gelbe Regierung gesorgt. Hat man sich per Grundgesetzänderung verpflichtet, die Verschuldung abzubauen, hat man dafür nach Adam Riese genau zwei Möglichkeiten: Entweder man kürzt die Ausgaben, oder man erhöht die Einnahmen. Die politische Diskussion der Vergangenheit hat sich ausschließlich auf die Kürzung der Ausgaben verengt. Doch dies ist mitten in einer Wirtschaftskrise fatal. Freilich sind in Krisenzeiten auch Steuererhöhungen nicht unproblematisch, da sie dem Bürger doch einen Teil des verfügbaren Einkommens entziehen, das er eigentlich ausgeben sollte, um die Wirtschaft wieder in Schwung zu bringen.

Der Gesetzgeber hätte jedoch die Möglichkeit, hier sehr gezielt vorzugehen und die negativen Effekte zu minimieren. In der Theorie ist es so, dass ein Privathaushalt seine Einnahmen entweder ausgibt oder eben spart. Nun gibt es aber je nach Einkommen große Unterschiede zwischen den Haushalten. Der Geringverdienerhaushalt hat in der Regel eine Konsumquote von fast 100 Prozent – wovon sollte er auch Rücklagen bilden? Beim Besserverdienerhaushalt geht die Konsumquote jedoch mit steigendem Einkommen merklich zurück. Eine Erhöhung der Einkommensteuer ausschließlich im oberen Einkommensbereich hätte daher auch kaum negative Auswirkungen auf den Konsum. Eine Erhöhung des Spitzensteuersatzes wäre demnach eine ökonomisch vertretbare Maßnahme, um das Problem der hohen Staatsverschuldung angehen zu können.

Aber nicht nur das. Über die Steuerschraube kann der Staat sogar mit angezogener Schuldenbremse und dem Fiskalpakt im Nacken in einer wirtschaftlichen Schwächephase aktive Konjunkturpolitik betreiben. Die Steuereinahmen müssten dazu nur so hoch sein, dass die Einnahmen die Ausgaben selbst dann decken, wenn der Staat die Ausgaben für Konjunkturprogramme und andere sinnvolle Maßnahmen erhöhen muss, um die Wirtschaft und zusätzlich die Steuereinnahmen anzukurbeln. Ein richtig angesetztes Konjunkturprogramm kann sich über die Zeit sogar selbst tragen.

Neben der ökonomischen gibt es jedoch selbstverständlich noch die soziale Komponente. Ein Steuersystem muss vor allem eins sein: gerecht. Das geflügelte Wort, nach dem die starken Schultern mehr tragen können als die schwachen, hat bis heute nichts an Wahrheit verloren. Im Gegenteil – die beiden letzten Jahrzehnte waren durch eine massive Öffnung der Einkommens- und Vermögensschere gekennzeichnet. Die Armen wurden nicht nur relativ, sondern sogar absolut ärmer, während die Reichen immer reicher wurden. Nun ist es jedoch in einer freien Marktwirtschaft für den Gesetzgeber nicht einfach, ins obere Lohngefüge einzugreifen. Nur ein kleiner Teil der Einkommensmillionäre hat überhaupt einen Arbeitsvertrag, die meisten Superreichen erzielen ihre Einkünfte über ihren Besitz. Um die Fehlentwicklung der letzten Jahrzehnte auszugleichen, ist das Steuersystem das beste Instrument. Eine Steuererklärung muss schließlich jeder abgeben.

Die Eurokrise stellt die Gesellschaft zudem vor vollkommen neue Herausforderungen. Die Bankenrettung wird – dank falscher politischer Entscheidungen – den Steuerzahler einen dreistelligen Milliardenbetrag kosten. Wer soll das bezahlen? Die Armen? Die Schwachen? Die darbende Mittelschicht? Nein, in einer gerechten Gesellschaft müssen diese Lasten von den starken Schultern getragen werden, und dies ist neben einer Besteuerung des Vermögens vor allem über eine stärkere Besteuerung hoher Einkommen zu erreichen.

Sowohl in den guten als auch in weniger guten alten Zeiten haben Regierungen, die Wert darauf gelegt haben, nicht vom Volk aufs Schafott geführt zu werden, vor allem die wohlhabenden Bürger ihres Landes finanziell in die Verpflichtung genommen. Dies war in den USA so, als Präsident Roosevelt als Antwort auf die Weltwirtschaftskrise 1932 den Spitzensteuersatz auf 63 Prozent erhöhen ließ. In Deutschland setzte zur gleichen Zeit Reichskanzler Heinrich Brüning ein umfassendes Ausgabenkürzungsprogramm durch. Die USA konnten die Folgen der Krise durch steuerfinanzierte Konjunkturprogramme abfedern, in Deutschland kam es zu Massenarbeitslosigkeit, und Adolf Hitler nutzte diese Not in der Bevölkerung, um der Weimarer Demokratie den Garaus zu machen. Der von Hitler angezettelte Zweite Weltkrieg war für die USA zwar auch ein gänzlich unfreiwilliges Konjunkturprogramm, ließ jedoch ebenso die Staatsausgaben jenseits des Atlantiks förmlich explodieren. Zur Gegenfinanzierung erhöhten die USA den Spitzensteuersatz etappenweise bis auf 94 Prozent. Getoppt wurde dieser Spitzensteuersatz durch niemand anderen als Konrad Adenauer, der – auch auf Druck der Siegermächte – in Deutschland 1949 ein Steuersystem einführte, das eine nach oben offene Progression vorsah und so zu Spitzensteuersätzen von bis zu 95 Prozent führte. Diese Rekordsätze wurden in Deutschland nur langsam heruntergefahren. Noch 1954 mussten Spitzenverdiener mit einem Spitzensteuersatz von 70 Prozent leben. Erst nach der großen Steuerreform von 1955 sank der Satz auf 53 Prozent.

Heute ist Deutschland im OECD-Vergleich (Organisation for Economic Co-operation and Development/Organisation für wirtschaftliche Zusammenarbeit und Entwicklung) eher eine Einkommensteueroase. SPD und Grüne senkten den Spitzensteuersatz in mehreren Schritten um insgesamt elf Prozentpunkte auf 42 Prozent und führten gleichzeitig eine sogenannte Kapitalertragssteuer in Höhe von nur 25 Prozent ein, die für sämtliche Einkommen aus Kapitalvermögen gilt. Weil der Spitzensteuersatz schon bei einem guten Facharbeitereinkommen erreicht wurde, kam man politisch unter Druck und führte dann 2007 eine »Reichensteuer« ein, die jedoch ihren Namen nicht verdient, da sie lediglich den Einkommensanteil ab 250 000 Euro pro Jahr mit drei Prozent zusätzlich besteuert. Deutschlands wirklich Reiche werden im internationalen Vergleich damit verhältnismäßig gering zur Finanzierung des Allgemeinwohls herangezogen. In Österreich und Finnland beträgt der Spitzensteuersatz 50 Prozent, in Spanien und den Niederlanden 52 Prozent, in Belgien 53,5 Prozent, Italien 56 Prozent, in Schweden 56,6 Prozent, in Dänemark 65,7 Prozent, und Frankreichs Präsident François Hollande hat letztes Jahr sogar eine Reichensteuer in Höhe von 75 Prozent durchgesetzt.

Es ist jedoch ein Fehler, wenn man den Blick nur auf den Spitzensteuersatz richtet. Die 70 Prozent, die ein Deutscher im Jahre 1954 an den Fiskus abführen musste, galten nur für Einkommen oberhalb von 500 000 D-Mark, eine Größe, die im Nachkriegsdeutschland allenfalls von einer Handvoll »Superreicher« überschritten wurde, während im heutigen Dänemark bereits ab einem Jahreseinkommen von 42 000 Euro der Spitzensatz von bis zu 65,7 Prozent anfällt.

Generell unterscheiden sich hier zwei Modelle – der Stufentarif, der auch als »Flat Tax« bekannt ist, und der Progressionstarif. In Deutschland gibt es eine Mischung aus beiden Modellen. Die ersten 8 354 Euro, die man verdient, werden generell gar nicht versteuert – ob man nun Kassierer bei Lidl oder Vorstandschef von VW ist. Diese Summe entspricht dem Grundfreibetrag, und der steht unter dem Schutz des Grundgesetzes, da der Staat den Einkommensanteil, der zum Existenzminimum benötigt wird, nicht besteuern darf.

Ab 8 354 Euro beginnt die erste Progressionszone, in der der Steuersatz von derzeit 14 Prozent linear ziemlich steil bis auf 24 Prozent bei 13 469 Euro steigt. In der zweiten Progressionszone steigt der Satz dann langsamer bis zu 42 Prozent bei einem Einkommen von 52 881 Euro (bei einem Einzelverdiener). Die beiden Progressionszonen gelten für alle Steuerzahler. Auch ein Einkommensmillionär zahlt für die ersten 52 881 Euro genauso viel Steuern wie ein Ingenieur, der exakt 52 881 Euro Jahreseinkommen versteuern muss.

Ab einem Einkommen von 52 882 Euro wird jeder Euro pauschal mit dem Spitzensteuersatz von 42 Prozent besteuert, der sich für Einkommen oberhalb von 250 731 Euro noch einmal auf 45 Prozent erhöht. Auch hier gilt: Nur Einkommen ab dieser Summe werden mit diesem Steuersatz versteuert. Wer also beispielsweise 250 732 Euro im Jahr zu versteuern hat, muss nur für den einen Euro mehr die Reichensteuer zahlen und nicht für sein komplettes Jahreseinkommen.

Erst wenn man diese Systematik versteht, verlieren die hohen Steuersätze, die hier bereits genannt wurden, ihren Schrecken. Die französische Reichensteuer von 75 Prozent gilt ausschließlich für Einkommen oberhalb von einer Million Euro pro Jahr. Der Einkommensteil, der unter dieser Marke liegt, wird nach den ganz normalen und überaus komplizierten französischen Steuertarifen berechnet. Bevor ein französischer Einkommensmillionär überhaupt erst den ersten Euro Reichensteuer bezahlen muss, hat er durch die unteren Steuertarifzonen bereits ein Nettoeinkommen von rund 600 000 Euro auf seinem Konto. Auch wenn Steuerflüchtlinge wie der Schauspieler Gérard Depardieu anderes behaupten, sind französische Spitzenverdiener nicht gerade von Verarmung und Obdachlosigkeit bedroht.

Das französische Modell wäre selbstverständlich auch in Deutschland möglich. Es wäre jedoch ein Irrtum, sich von einer solchen Maßnahme finanzielle Wunder zu versprechen. Von einer solchen Reichensteuer wären in Deutschland gerade einmal rund 17 000 Steuerpflichtige betroffen. Und da nur die Einkommen, die oberhalb der Million-Euro-Grenze liegen, mit 75 Prozent versteuert werden, dürften die Mehreinnahmen zwar beachtlich sein. Um aber gleichzeitig Geringverdiener zu entlasten und im optimalen Fall auch noch eine aktive Konjunkturpolitik zu finanzieren, reicht eine Reichensteuer nach französischem Vorbild jedoch bei weitem nicht aus.

Wenn es darum geht, das Steuersystem gerechter zu gestalten und wirklich Mehreinnahmen zu erzielen, muss man da hingehen, wo es wehtut – an die mittleren Sätze der Einkommensteuertabelle. Damit schlägt man gleich zwei Fliegen mit einer Klappe, denn nicht nur der Spitzensteuersatz wird in Deutschland lebhaft diskutiert. Auch wenn er nicht im Sorgenbarometer des *Stern* auftaucht, erregt der vielbeschworene »Mittelstandsbauch« die Gemüter. In steter Regelmäßigkeit wollen Politiker von CDU/CSU und FDP und ihnen gewogene Leitartikler das deutsche Steuersystem auf den fiskalischen Trimm-dich-Pfad schicken. Das kommt auch gut an, denn wer will schon eine schmierige Steuerwampe vor sich herschleppen?

Der Fachbegriff für dieses Phänomen heißt kalte Progression und besagt, dass jede Gehaltserhöhung gefühlt geringer ausfällt, da sie zum Teil vom jeweils höheren Grenzsteuersatz aufgefressen wird. In einem Steuersystem mit progressivem Tarifverlauf ist dies jedoch unvermeidlich. Wer den Mittelstandsbauch wirklich loswerden will, kommt nicht darum herum, die Progressionszonen abzuschaffen und durch ein Stufenmodell zu ersetzen. Ein solches Stufenmodell muss dabei nicht den feuchten Steuersenkungsträumen neoliberaler Bierdeckelartisten wie Paul Kirchhof oder Friedrich Merz entsprechen – auch das in Steuerfragen rigide Dänemark hat ein Stufenmodell, nur dass die Stufen dort selbstverständlich wesentlich steiler und enger gestaltet sind als bei den Bierdeckelmodellen deutscher Steuerreformatoren.

Von den Dänen lernen heißt siegen lernen? Nicht unbedingt. Dort werden die Steuerpflichtigen nämlich durch die Bank weg sehr hoch besteuert, und auch Geringverdiener werden wesentlich höher besteuert als in Deutschland. Um aus dem dänischen Modell ein deutsches Zukunftsmodell zu machen, das auch sozialverträglich ist, muss daher die Besteuerung kleiner Einkommen deutlich abgesenkt werden. Um die kalte Progression abzuschaffen, müssen dabei die Grenzsätze in jedem Jahr an die reale Einkommensentwicklung angepasst werden. Eine sinnvolle Größe für die Festlegung der Stufen ist dabei das durchschnittliche zu versteuernde Einkommen der Bürger. Für Modellrechnungen muss man hierbei auf das Steuerjahr 2007 zurückgreifen, da aktuellere Daten noch nicht im Detail verfügbar sind. Dies hat auch den Vorteil, dass diese Daten noch die zu versteuernden Kapitaleinkommen beinhalten, die seit der Einführung der Kapitalertragssteuer im Jahre 2009 nicht mehr in die Einkommensteuerstatistik eingehen. Dass die Kapitalertragsteuer abgeschafft werden muss, versteht sich von selbst, denn es ist niemandem zu vermitteln, warum »anstrengungslose Einkommen« – und nichts anderes sind Kapitaleinkommen – geringer besteuert werden sollten als Einkommen aus Arbeit.

Für ein Stufenmodell empfehlen sich daher folgende Abstufungen:

Stufe 0: Grundfreibetrag – Einkommen bis 8 354 Euro: Steuersatz null Prozent
Stufe 1: Eingangssteuersatz – bis zur Hälfte des Durchschnittseinkommens, Einkommen von 8 354 bis 13 800 Euro: Steuersatz zehn Prozent
Stufe 2: ermäßigter Steuersatz – von 13 801 Euro bis 27 600 Euro: Steuersatz 20 Prozent
Stufe 3: erhöhter Steuersatz – vom Durchschnittseinkommen bis zum Doppelten des Durchschnittseinkommens, von 27 601 bis 55 200 Euro: Steuersatz 40 Prozent
Stufe 4: gehobener Steuersatz – für Einkommen oberhalb des Doppelten des Durchschnittseinkommens, von 52 201 Euro bis 1 000 000 Euro: Steuersatz 55 Prozent
Stufe 5: Reichensteuer – für Einkommen ab 1 000 001 Euro: Steuersatz 75 Prozent

Dieses Einkommensteuermodell passt nicht nur auf jeden Bierdeckel, sondern ist auch sozial ausgewogen. Sogar der vielzitierte Facharbeiter bei VW würde bei diesem Modell weniger Steuern abführen müssen als heutzutage, und vor allem Bezieher von Niedriglöhnen profitieren durch die stark ermäßigten Steuersätze bei den ersten beiden Stufen.

Durch die stärkere Besteuerung von hohen Einkommen würden die Gesamteinnahmen ganz erheblich ansteigen. Wenn man die Einkommensteuerstatistik des Bundesfinanzministeriums mit diesem Modell durchrechnet, kommt man auf Mehreinnahmen in der Größenordnung von 51 Milliarden Euro. Diese Summe übertrifft sogar die momentane Neuverschuldung des Bundes bei weitem und lässt der Politik den Raum, die Verschuldung abzubauen oder selbst mit Schuldenbremse und Fiskalpakt Politik aktiv zu gestalten. Mit diesem Geld ließen sich viele sinnvolle Dinge finanzieren, etwa die Investitionsstaus auf Straßen, in Schulen oder Hochschulgebäuden.

Und wenn das Dringendste erledigt ist und noch Geld übrig bleibt? Dann könnten wir dem deutschen Michel auch noch die Angst vor den hohen Staatsschulden nehmen und die Schulden abtragen. Dies zählte dann jedoch zur Kür und nicht zur Pflicht.

Brigitte Baetz

Medien: Vielfalt statt Kahlschlag

Die Lage war noch nie so ernst: Die *Financial Times Deutschland* ist eingestellt, die *Frankfurter Rundschau* insolvent, die *Westfälische Rundschau* als erste deutsche Tageszeitung ganz ohne eigene Redaktion. Stellenabbau grassiert in den Restredaktionen. Mehr Arbeit gibt es und weniger Geld für die, die noch Arbeit haben. Sie sollen nicht nur Zeitung planen, schreiben, redigieren, sondern auch Videos fürs Netz drehen und parallel schnell mal eben noch eine Nachricht twittern.

Schuld ist das Internet. Es hat den Verlagen die Geschäftsgrundlage geraubt, die da hieß: Auflage plus Stellen- und Wohnungsanzeigen ergibt eine hohe Rendite. Doch immer weniger junge Leute kaufen eine Tageszeitung, und die Stellen- und Wohnungsanzeigen werden nun im Netz gelesen, nicht mehr im täglichen Abo-Blatt. Und deshalb müssen die Redaktionen zusammengelegt und es muss überhaupt gestrichen und gekürzt werden, was das Zeug hält. Denn die Zukunft der Presse steht auf dem Spiel. So liest man in den Zeitungen.

Das ist nicht falsch. Wahr ist es aber auch nicht.

Denn zur ganzen Wahrheit gehört, dass es den großen Verlagshäusern gut geht. Springer, Holtzbrinck, WAZ-Mediengruppe – sie alle schreiben schwarze Zahlen. Allein 2011 legte Springer bei den Umsatzerlösen um mehr als zehn Prozent auf 3 184,9 Millionen Euro zu. Grund dafür ist, dass die Verlage schon längst multimedial aufgestellt sind. Sie verdienen nicht nur über die verkaufte Auflage ihrer Printprodukte und die gedruckten Rubrikenanzeigen und Werbeerlöse. Sie sind beteiligt an den Plattformen für Wohnungs- und Stellenanzeigen im Internet und haben neue Geschäftsmodelle für sich entwickelt: zum Beispiel den Tierfutterverkauf via Web, wie ihn Zeitschriftenverleger Hubert Burda betreibt.

Nur mit »Journalismus an sich« ist anscheinend immer weniger Geld zu verdienen. Online werde auch bei respektablen Tageszeitungen in erster Linie angeklickt, was Sex und Crime beinhalte, klagte der Geschäftsführer der *Frankfurter Allgemeinen Zeitung*, Tobias Trevisan, bei den Münchener Medientagen 2012. Und da auch im Netz die Reichweite – sprich die Klickzahl – die Werbeeinkünfte bestimmt, rechnet sich Qualitätsjournalismus nicht so sehr, wie die Verlage es gern hätten.

Andererseits: 2012 meldete die Verlagsgruppe der Hamburger Wochenzeitung *Die Zeit* den höchsten Umsatz ihrer Geschichte. Mit 154 Millionen Euro haben sich die Gesamterlöse damit seit 2003 mehr als verdoppelt. Basis des Erfolges, laut Geschäftsführer Rainer Esser: »Qualitätsjournalismus«.

Seltsam, oder? Fast könnte man den Verdacht hegen, der eine oder andere Verleger nutze die Gunst der Stunde, um unter dem Aufschrei »Zeitungskrise« ein paar Fakten zu schaffen in Sachen »schlanke Produktion« – und im Zeichen der Rendite gerade an dem zu sparen, was die Qualität im Journalismus ausmacht. Aber Zeitungen sind keine Waren wie andere. Journalismus braucht Zeit und Geld, um seine Rolle in der Demokratie erfüllen zu können: Wächter zu sein über Politik und Wirtschaft, Transmissionsriemen zu sein für Ideen und Meinungen. In Sonntagsreden beschwören Deutschlands Verleger diese Rolle genauso, wie Politiker dies gern tun. Allein: Sie füllen sie nicht mit Leben, sondern bauen die Voraussetzungen für guten Journalismus mehr und mehr ab.

Auch im Internet selbst ist momentan nicht zu sehen, dass sich Qualitätsjournalismus jenseits der Verlage etablieren würde.

Immerhin gibt es da noch den öffentlich-rechtlichen Rundfunk. Über sieben Milliarden Euro werden ARD, ZDF und Deutschlandradio über den neuen Rundfunkbeitrag einnehmen. Das ist zumindest theoretisch ein Pfund, mit dem man publizistisch wuchern könnte, auch wenn man es den Programmen nicht immer ansieht und anhört. Die sogenannte Grundversorgung durch die öffentlich-rechtlichen Anstalten ist essentiell für die demokratische Ordnung wie auch für das kulturelle Leben in der Bundesrepublik, so stellte es das Bundesverfassungsgericht im sogenannten vierten Rundfunkurteil fest. Grundversorgung bedeutet übrigens nicht nur Bildung und Information, sondern auch Unterhaltung.

Den deutschen Verlegern ist das jedoch ein Dorn im Auge. Denn seit dem Siegeszug der Digitalisierung sind die Sender zu einem Konkurrenten im Internet geworden. Unter anderem stellen die Rundfunkanstalten die Manuskripte ihrer Sendungen ins Netz, wo sie nachgelesen werden können. Auch die bei den Nutzern erfolgreiche Tagesschau-App ist ein Dorn im Fleisch der Presse, die über das Geschäft mit Zeitungs-Apps endlich die Chance wittert, im elektronischen Bereich Geld für ihre Produkte erwirtschaften zu können. Natürlich sind Tagesschau-App oder HR-Online keine »kostenlosen Angebote«, denn sie sind ja von den Bürgern finanziert. Doch sie müssen im Netz nicht zusätzlich bezahlt werden, werden also vom Nutzer als kostenlos wahrgenommen.

Die Verleger haben es geschafft, auf die Politik dergestalt einzuwirken, dass öffentlich-rechtliche Angebote im Internet nach einiger Zeit wieder »depubliziert« werden müssen. Das heißt: Manuskripte zu Sendungen über Korruptionsaffären beispielsweise müssen nach einiger Zeit (in der Regel nach sieben Tagen) genauso aus dem Netz genommen werden wie Tipps zu Haushaltsfragen. Das ist ein in jeder Hinsicht widersinniger Zwang. Erstens wird damit dem Bürger vorenthalten, was er ja schon bezahlt hat, und zweitens schwächt er gerade das, was in der heutigen Medienlandschaft mehr denn je not tut: Konkurrenz.

Nicht ganz zu Unrecht werden die Aktivitäten der Sender im Netz von den Verlegern als »Marktverzerrung« betrachtet und als »elektronische Presse« gegeißelt. Andererseits ist diese »Marktverzerrung« gesellschaftspolitisch sinnvoll und unter dem Signum »Entwicklungsgarantie« von den Urteilen des Bundesverfassungsgerichtes gedeckt. Zumal immer mehr Zeitungen planen, ihre Online-Auftritte mit einer Bezahlschranke zu versehen. Wie sinnvoll diese Entwicklungsgarantie für ARD und ZDF ist, wird erst klar, seitdem die Verlage flächendeckend wie mit dem Rasenmäher ihre Redaktionen beschneiden und die Konzentration auf dem Medienmarkt immer weiter zunimmt.

Einen Höhepunkt dieser Entwicklung bildet der Rauswurf der Redaktion der *Westfälischen Rundschau* bei gleichzeitiger Weiterführung der Zeitung. Seit dem 1. Februar wird das Blatt ohne eigene Mitarbeiter betrieben. Der sogenannte Mantelteil kommt von der Mutter WAZ, die auch die anderen Zeitungstitel des Konzerns beliefert. Der Lokalteil des ehemaligen SPD-Blattes wird am Sitz der Zeitung in Dortmund von der Konkurrenz aus dem (konservativen) Lensing-Wolff-Verlag geliefert. Die achtgrößte Stadt Deutschlands ist somit ohne lokale Konkurrenz. Der WAZ-Verlag behält allerdings seine Anteile am Werbemarkt, denn die Zombie-Westfälische erscheint ja weiter. »Die Leute werden doch für dumm verkauft«, meint da nicht nur der Blogger und ehemalige WAZ-Journalist Alfons Pieper.

»Für dumm verkauft« konnte sich auch mancher Leser fühlen, wenn er die Berichterstattung vieler Zeitungen über die

Rundfunkabgabe, die seit Beginn des Jahres pro Haushalt und nicht mehr pro Empfangsgerät erhoben wird, verfolgt hat. Einträchtig berichteten *Bild, Frankfurter Allgemeine Zeitung, Süddeutsche Zeitung* und *Handelsblatt* über die »Zwangsabgabe«, die nicht nur sozial ungerecht, unausgewogen und in Wirklichkeit eine illegitime Steuer sei. Über ihre eigenen Interessen hinter dieser Kampagne schrieben sie nicht.

Natürlich bieten die öffentlich-rechtlichen Sender ausreichend Grund zur Kritik. Sie wirken unbeweglich und undurchsichtig. Sie verstopfen im Fernsehen die besten Sendeplätze mit Talk, Volksmusik, Boulevard, Service und Sport. Anspruchsvolle Sendungen aller Art werden in Spartenkanäle oder auf späte Sendezeiten verschoben oder haben im unterschätzten Medium Hörfunk ihre letzten Refugien gefunden. Kein Wunder also, dass sich der öffentlich-rechtliche Rundfunk in einer Legitimationskrise befindet.

Was aber kann die Politik tun, um das System des öffentlich-rechtlichen Rundfunks zu verbessern? Und wie kann der immer stärkeren Konzentration und publizistischen Verarmung auf dem Zeitungsmarkt entgegengewirkt werden?

Zunächst einmal sollte sich die Politik aus der Umklammerung der Verlegerlobby befreien. Wenn Zeitungen keine Ware wie jede andere sind, dann müssen sich die Verlage auch dazu bekennen. Und das sollten sie jenseits von Sonntagsreden tun. An ihren Taten, nicht an ihren Worten sollt ihr sie erkennen, so steht es sinngemäß schon in der Bibel. Und daran sollte sich die Politik halten und die Demokratierelevanz der Zeitungen auch einfordern.

Wer Pressevielfalt möchte, der muss sie auch unterstützen. Bis jetzt werden vor allem die Interessen der großen Verlage gestärkt. Ein Leistungsschutzrecht, das die Verlage an den Gewinnen von Googles Suchmaschine partizipieren lässt, nutzt nur den großen überregionalen Titeln. Ein Lokalverleger hätte wenig davon, da ein Dorffest weniger Klicks generiert als ein Bericht über einen bundesweiten Skandal.

Ähnlich sieht es mit der Aufweichung der Pressefusionskontrolle aus. Wer den kleinen Verlagen helfen möchte und damit Vielfalt sichern will, tut dies nicht, indem er Übernahmen erleichtert. Eher muss er darauf drängen, dass redaktionelle Unabhängigkeit auch nach Pressefusionen gewahrt bleibt. Auch die Kontrolle von crossmedialen Übernahmen ist noch ungenügend geregelt. Wie misst man Meinungsmacht, die sich nicht nur auf Zeitungen beschränkt, sondern auch auf das Internet und Hörfunk und Fernsehen erstreckt? Und die Politik muss sich überlegen, ob steuerliche Anreize sinnvoll und möglich wären, um den Abbau von Redaktionen zu stoppen. Eine pauschale Abschaffung der Mehrwertsteuer auf Presseprodukte, wie vom Bundesverband der deutschen Zeitungsverleger gefordert, scheint da eher weniger sinnvoll. Es würde die Großen zulasten der Steuerzahler entlasten, ohne dass den Kleinen ausreichend geholfen wäre.

In Dänemark wird zur Zeit erprobt, ob nicht auch unabhängigen Internetangeboten, also einzelnen Bloggern beispielsweise, mit Subventionen geholfen werden könnte. Das könnte ein Vorbild für Deutschland sein, eventuell in Kombination mit Steuervorteilen.

Denn was der Medienmarkt dringend braucht, man kann es nicht oft genug sagen, ist Konkurrenz, um einen weiteren Niveauverlust im Journalismus zu verhindern. Eine schon »systemgegebene« Konkurrenz für die Verlage ist der öffentlich-rechtliche Rundfunk. Er darf nicht dadurch geschwächt werden, dass die Regel, Internetangebote nach einer bestimmten Zeit zu löschen, beibehalten wird. Und bei aller Staatsferne, die dem Rundfunk gesetzlich garantiert ist: Die Politik muss darauf drängen, dass sich die öffentlich-rechtlichen Sender wieder verstärkt auf ihren Programmauftrag konzentrieren und nicht weiter die Quotenfixierung der kommerziellen Sender kopieren. Hinzu kommt ein vielleicht allzu frommer Wunsch: Parteipolitik hat in den Gremien von ARD und ZDF nichts zu suchen. Das Pfund und die Legitimation der Öffentlich-Rechtlichen liegen in ihrer Fähigkeit zu möglichst vielfältiger und unabhängiger Berichterstattung.

Stärkere politische Vorgaben allerdings braucht die Vielfaltssicherung im Pressebereich. Es kann nicht sein, dass die *Frankfurter Allgemeine Zeitung* die *Frankfurter Rundschau* kaufen darf, wenn das auf lange Sicht bedeutet, dass die Rundschau de facto als publizistisch unabhängiges Blatt aufhört zu existieren. Die Leser in der Region haben davon nichts, allein die FAZIT-Stiftung, die die *Frankfurter Allgemeine Zeitung* trägt, hat ihre Vormachtstellung im Anzeigen- und Werbungsmarkt im Rhein-Main-Gebiet ausgebaut.

Peter Zudeick

Unter Vorbehalt

Ach ja, nun haben wir schon wieder nicht die Systemfrage gestellt, wieder nicht den Kapitalismus – theoretisch – niedergekämpft, wieder nicht die radikale Alternative formuliert. Wenn auch vieles ganz schön radikal klingt, was in diesem Buch versammelt ist. Aber es ging ja um »Handreichungen« für die Bundestagswahl, also um gleichsam systemimmanente Vorschläge. Wieso es zum Beispiel Eigentum an Grund und Boden, an Wasser und Energie geben darf, wieso das, was allen gehört, von einzelnen besessen und ausgebeutet werden kann – diese Frage wird hier nicht gestellt. Die ist für eine Bundestagswahl sowieso zu groß. So ganz ohne Vorbehalt geht es also auch bei uns nicht. Aber das Ergebnis der einen oder anderen Fragestellung – zur Energie, zum Naturschutz, zu den Finanzmärkten – könnte durchaus genau in diese Richtung weisen. »Das alles und noch viel mehr« – eben. Sehr viel mehr.

Anmerkungen

Ulrich Schneider: Mindestens das Mindeste

1 Vgl. Paritätischer Gesamtverband, 2012: *Positive Trends gestoppt, negative Trends beschleunigt. Bericht zur regionalen Armutsentwicklung in Deutschland 2012*, Eigenverlag Berlin; unter »armutsnah« wird ein Einkommen von 60 Prozent und weniger des Durchschnittseinkommens definiert. Für einen Single waren dies im Jahre 2011 pro Monat 848 Euro, für einen Paarhaushalt mit zwei Kindern lag die Schwelle bei 1 781 Euro.

2 Vgl. Bundesministerium für Arbeit und Soziales, 2012: *Lebenslagen in Deutschland. Entwurf des 4. Armuts- und Reichtumsberichts der Bundesregierung*, Stand 17. 09. 2012, S. XX; XXXVIII ff.

3 Vgl. Paritätischer Gesamtverband, 2012, a. a. O. S. 8.

4 Vgl. Thomas Öchsner, Hartz IV – lebenslang, *Süddeutsche Zeitung*, 29. 12. 2012, http://www.sueddeutsche.de/wirtschaft/arbeitslosigkeit-hartz-iv-lebenslang-1.1561002

5 Vgl. Paritätischer Gesamtverband, 2012, a. a. O. S. 3 f.

6 Vgl. Rudolf Martens, 2011: *Die Regelsatzberechnungen der Bundesregierung nach der Einigung im Vermittlungsausschuss sowie der Vorschlag des Paritätischen Gesamtverbandes für bedarfsgerechte Regelsätze*, Eigenverlag Berlin.

7 Vgl. Bundesverfassungsgericht (BVerfG) 1 BvL 1/09 vom 9. 2. 2010.

8 Vgl. Thorsten Kalina, Claudia Weinkopf, 2012: Niedriglohnbeschäftigung 2010: fast jede/r Vierte arbeitet für Niedriglohn, in: *IAQ-Report – Aktuelle Forschungsergebnisse aus dem Institut »Arbeit und Qualifikation«* 01/2012.

9 Vgl. dies., 2010: Niedriglohnbeschäftigung 2008: Stagnation auf hohem Niveau – Lohnspektrum franst nach unten aus, in: *IAQ-Report – Aktuelle Forschungsergebnisse aus dem Institut »Arbeit und Qualifikation«* 06/2010.

10 Stand Dezember 2012.

Christoph Butterwegge: Alternativen zur Altersarmut

1 Dadurch fallen durch Lohnsteigerungen bedingte Rentenerhöhungen niedriger aus: Bei der »Riester-Treppe« wird pauschal unterstellt, dass die private Altersvorsorge eine dadurch gerissene Versorgungslücke gegenüber dem bisherigen Leistungsziel ausgleicht. Mit dem »Nachholfaktor« wird die Zahl der Rentner ins Verhältnis zur Zahl der Beitragszahler gesetzt, wodurch sich der demographische Wandel rentenmindernd auswirkt. Schließlich bewirkt der »Nachholfaktor«, dass aufgrund sonst drohender Rentenkürzungen ausfallende Minderungen in günstigeren Jahren nachgeholt werden.

Klaus Gietinger: Entscheunigung – Der Weg aus der Kfz-Katastrophe

1 Inklusive Dunkelziffer. Die liegt bei Verletzungen nach einer Studie der Bundesanstalt für Straßenwesen (BAST) bei 56 Prozent.
2 European Transport Safety Council, Transport Safety Performance in the EU: A Statistical Overview, 2003, S. 13.
3 Der Anteil des Verkehrs, hier hauptsächlich Kfz-, Flug- und Schiffsverkehr, an der Klimakatastrophe steigt von Jahr zu Jahr und ist am wenigsten beherrschbar, vgl. Winfried Wolf, *Verkehr.Umwelt.Klima*, Wien 2007, S. 331 f.
4 Vgl. Markus Schmidt, Die Unrechtsordnung, in: Klaus Gietinger, *Totalschaden. Das Autohasserbuch*, Frankfurt 2010, S. 177–204.

Jürgen Döschner: Für eine radikale Energie-Agenda

1 Die DARPA wurde 1958 gegründet und stößt in den USA jedes Jahr Hunderte Militär-Forschungsprojekte an. Aus DARPA-Forschungen sind unter anderem das Internet und die Satellitenortung GPS hervorgegangen.

Wolfgang Lieb: Wir leisten uns weniger, als wir leisten könnten

1 http://www.faz.net/aktuell/politik/inland/nationaler-bildungsbericht-merkel-ruft-bildungsrepublik-aus-1545858.html
2 http://www.studentenwerke.de/pdf/Statement_Dobischat19SE.pdf
3 http://www.dradio.de/dkultur/sendungen/thema/599012/
4 http://www.fr-online.de/politik/oecd-studie-deutsches-bildungssystem-nur-mittelmass,1472596,17222808.html
5 http://library.fes.de/pdf-files/stabsabteilung/05314.pdf
6 http://schule.dgb.de/++co++ab29691e-f32f-11e0-6d11-00188b4dc422
7 http://www.bmbf.de/pub/beschluss_bildungsgipfel_dresden.pdf
8 http://www.dgb.de/themen/++co++efce25fa-4b47-11e2-afae-00188b4dc422
9 http://www.nachdenkseiten.de/wp-print.php?p=2703

Katrin Rönicke: Starke Kitas – starke Familien

1 Der Begriff »Gleichwürdigkeit« wurde von Jesper Juul geprägt. Er beschreibt eine Beziehung, in der beide (in Zweierbeziehungen) oder alle (in Familien) sich mit Respekt begegnen. In einer solchen Beziehung stehen die Würde und die persönliche Integrität der einzelnen im Vordergrund. Es kann sich dennoch um eine hierarchische Beziehung handeln: Gleichwürdigkeit bedeutet nicht, dass Kinder über Eltern oder Erzieher bestimmen können – die Verantwortung für Entscheidungen liegt bei den Erwachsenen. Gleichwürdigkeit ist vielmehr eine grundsätzliche Herangehensweise an andere und eine Basiseinstellung im Umgang miteinander.
2 In Deutschland leben wir mit einem traditionellen Vollzeitdogma, das aus der Zeit stammt, als Männer arbeiteten, um eine ganze Familie zu ernähren, und Frauen zu Hause blieben. Der Fehler im Denken ist, dass mit der Berufstätigkeit der Frau nun beide Geschlechter 40 Stunden pro Woche oder mehr arbeiten sollen, anstatt die Stunden für alle zu senken. Übrigens nicht nur aus geschlechterpolitischen oder familienfreundlichen Gründen eine gute Idee, sondern auch als eine aktive Maßnahme gegen Massenarbeitslosigkeit und die Verbreitung von Burn-out und Depressionen.

Sahra Wagenknecht: Ein erster Schritt – die Finanztransaktionssteuer

1 Vgl. Stephan Schulmeister (2009): Tobin or not Tobin? Die Finanztransaktionssteuer – Konzept, Begründung, Effekte, *Informationsbrief Weltwirtschaft & Entwicklung*, Dezember 2009.
2 »The introduction of a substantial government transfer tax on all transactions might prove the most serviceable reform available, with a view to mitigating the predominance of speculation over enterprise in the United States.« Vgl. John Maynard Keynes, (1936): General Theory of Employment, Interest and Money. Atlantic Publishers & Distributors, 2006, S. 143.
3 »Association pour une taxation des transactions financières pour l'aide aux citoyens«.
4 Unter der Annahme, dass das Volumen der Finanztransaktionen bei Einführung einer derartigen Steuer um 68,6 Prozent zurückgehen würde. Vgl. Stephan Schulmeister (2011): *Implementation of a General Financial Transactions Tax*. Österreichisches Institut für Wirtschaftsforschung, Juni 2011, S. 33.

Wolfgang Hetzer: Die Deutsche Bank und andere Verdächtige

1 Zitiert nach Andrea Rexer, Ihre Fehler haben Leben gekostet, unsere nicht, *Süddeutsche Zeitung*, 23. Januar 2013, S. 13.
2 So wörtlich: Georg Meck, *The Deutsche: Investmentbanker an der Macht*, 2012, S. 63.
3 Obschon die Deutsche Bank die Vorwürfe zurückwies, einigte sie sich mit der amerikanischen Energieaufsichtsbehörde auf eine Strafzahlung in Höhe von 1,5 Millionen US-Dollar und vereinbarte, dass sie Verstöße weder zugibt noch bestreitet: *Frankfurter Allgemeine Zeitung*, 23. Januar 2013, S. 17 (Strafe gegen Deutsche Bank).
4 Zitiert nach Andrea Rexer, Ihre Fehler haben Leben gekostet, unsere nicht, *Süddeutsche Zeitung*, 23. Januar 2013, S. 13.
5 Zitiert nach *Frankfurter Allgemeine Zeitung*, 23. Januar 2013, S. 17 (Jain wählt das Florett und Dimon den Säbel).
6 Klaus Ott, In Bedrängnis, *Süddeutsche Zeitung*, 17. Dezember 2012, S. 11.
7 Über die Stimmung innerhalb der Bank bei dieser Art von Geschäften: Klaus Ott, Oh, du fröhliche ..., *Süddeutsche Zeitung*, 19. Dezember 2012, S. 2.

8 So insgesamt: Jakob Augstein, Zerschlagen! (http://www.spiegel.de/politik/deutschland/0.1518.873481.00.html –18. Dezember 2012).

9 Zitiert nach Klaus Ott/Andrea Rexer, Schwere Versäumnisse, *Süddeutsche Zeitung,* 17. Dezember 2012, S. 1.

10 Jürgen Fitschen, Ich möchte mich ausdrücklich entschuldigen, *Frankfurter Allgemeine Zeitung,* 19. Dezember 2012, S. 9.

11 Zitiert nach *Frankfurter Allgemeine Zeitung*, 19. Dezember 2012, S. 9 (Fitschen bedauert seinen Anruf bei Bouffier).

12 Vgl. dazu Wolfgang Hetzer, Verbandsstrafe in Europa – Wettbewerbsverzerrung durch Korruption, *Europäische Zeitschrift für Wirtschaftsrecht,* 2007, S. 75 ff.; ders., Schuldlose Sanktionssubjekte? Unternehmenskriminalität und Verbandsstrafe, *Zeitschrift für Wirtschaft Steuer Strafrecht*, 1999, S. 361 ff.

Über die Autorinnen und Autoren

Brigitte Baetz, freie Journalistin, ist unter anderem für den *Deutschlandfunk*, *WDR* und *Die Zeit* tätig.

Jens Berger ist Redakteur der *NachDenkseiten* und entwickelte 2007 den *Spiegelfechter*, einen der bekanntesten politischen Blogs im deutschsprachigen Raum. 2012 erschien von ihm im Westend Verlag *Stresstest Deutschland. Wie gut sind wir wirklich*.

Mathias Bröckers, freier Journalist, schreibt unter anderem für die *taz* und *Telepolis*. Autor zahlreicher Bücher; 2011 erschien von ihm im Westend Verlag *11. 9. Zehn Jahre danach* sowie 2010 *Die Drogenlüge. Warum Drogenverbote den Terrorismus fördern und Ihrer Gesundheit schaden.*

Christoph Butterwegge ist seit April 2011 Geschäftsführender Direktor des Instituts für Vergleichende Bildungsforschung und Sozialwissenschaften an der Universität zu Köln und Mitglied der Forschungsstelle für interkulturelle Studien (FiSt); Autor zahlreicher Bücher.

Jürgen Döschner ist Radiojournalist mit dem Schwerpunkt Energie. 1997–2002 war er Korrespondent und Leiter des ARD-Hörfunkstudios Moskau.

Bettina Gaus ist seit 1996 politische Korrespondentin der *taz*. 2010 erhielt sie den Medienpreis für Sprachkultur der Gesellschaft für deutsche Sprache in der Sparte *Presse*.

Klaus Gietinger ist studierter Soziologe, Theater- und Filmregisseur, Verkehrsexperte und Aktivist diverser Bürgerinitiativen; er schreibt unter anderem für *Die Zeit*, *Frankfurter Rundschau*, *Frankfurter Allgemeine Sonntagszeitung*. 2010 erschien von ihm im Westend Verlag *Totalschaden. Das Autohasserbuch*.

Ulrike Herrmann ist Redakteurin der *taz* mit dem Schwerpunkt Wirtschaft. 2010 erschien von ihr im Westend Verlag *Hurra, wir dürfen zahlen. Der Selbstbetrug der Mittelschicht*.

Wolfgang Hetzer, promovierter Jurist, war bis 2012 als Abteilungsleiter im Europäischen Amt für Betrugsbekämpfung (OLAF) für die Aufklärung von Korruption zuständig. Zuvor war er im Bundeskanzleramt mit der Aufsicht über den BND betraut, unter anderem in den Bereichen organisierte Kriminalität und internationale Geldwäsche. Im Westend Verlag erschienen von ihm *Finanzmafia* (2011) und *Finanzkrieg* (2013).

Wolfgang Lieb, promovierter Jurist, ist Publizist und Mitherausgeber der *NachDenkSeiten*. Zuvor arbeitete er in der Planungsabteilung des Bundeskanzleramtes und war Regierungssprecher unter Ministerpräsident Johannes Rau in Nordrhein-Westfalen.

Claus-Peter Lieckfeld ist Umweltjournalist und Autor zahlreicher Bücher. Er schreibt für *GEO*, *Die Zeit*, *Merian*, das Magazin der *Süddeutschen Zeitung*, *Natur* und *National Geographic*. 2012 erschien von ihm im Westend Verlag *Tatort Wald. Georg Meister und sein Kampf für unsere Wälder*.

Wolfgang Nešković, ehemaliger Richter am Bundesgerichtshof, ist seit 2005 Mitglied des Bundestags. Bis 2009 war er stellvertretender Fraktionsvorsitzender der Fraktion Die Linke. Im Dezember 2012 hat er die Fraktion verlassen und bewirbt sich im bevorstehenden Bundestagswahlkampf als parteiloser Kandidat für das Direktmandat im Wahlkreis Cottbus-Spree-Neiße.

Sven Plöger sagt seit 1999 in Funk und Fernsehen das Wetter voraus und ist vielen Zuschauern vor allem aus »Wetter im Ersten« vor der Tagesschau und nach den Tagesthemen bekannt. Im Westend Verlag erschien von ihm 2012 *Gute Aussichten für morgen. Wie wir den Klimawandel bewältigen und die Energiewende schaffen* können.

Ines Pohl ist seit 2009 Chefredakteurin der *taz*. Sie arbeitete zuvor als freie Journalistin, Ressortleiterin Politik der *Hessischen/Niedersächsischen Allgemeinen* und Korrespondentin für die Mediengruppe Ippen in Berlin. 2012 erschien im Westend Verlag das von ihr herausgegebene Buch *Schluss mit Lobbyismus*.

Stefan Reinecke ist Redakteur der *taz* im Parlamentsbüro. Zuvor arbeitete er viele Jahre für die *taz* und den *Freitag*.

Katrin Rönicke ist Journalistin und Bloggerin. Ihre Schwerpunktthemen sind unter anderem Geschlechterdemokratie, Emanzipation, Bildung, Ost-West-Sozialisation.

Claudia Roth ist seit 2004 eine von zwei Bundesvorsitzenden der Partei Bündnis 90/Die Grünen, seit 2008 neben Cem Özdemir. Seit 1987 gehört sie der Partei Die Grünen (später Bündnis 90/Die Grünen) an; von 1989–1998 war sie Mitglied im Europäischen Parlament, Mitglied des Bundestages von 1998 bis März 2001 und erneut seit Oktober 2002.

Tom Schimmeck, Autor und Journalist, arbeitet für die *Süddeutsche Zeitung*, *Die Zeit*, den *Deutschlandfunk*, den *NDR* und viele andere Medien. 2010 erschien von ihm im Westend Verlag *Am besten nichts Neues. Medien, Macht und Meinungsmache*.

Ulrich Schneider ist Hauptgeschäftsführer des Paritätischen Wohlfahrtsverbandes und Autor verschiedener Publikationen zu den Themen Armut, Verantwortung des Sozialstaates und soziale Gerechtigkeit. Im Westend Verlag erschien von ihm 2010 *Armes Deutschland. Neue Perspektiven für einen anderen Wohlstand*.

Rudolf L. Schreiber gründete 1974 die erste Agentur für ökologisch orientierte Unternehmensberatung und Umweltkommunikation in Deutschland. Er publizierte zahlreiche Bestseller, unter anderem *Rettet die Vögel* und *Rettet den Wald*, und erhielt mehrere Auszeichnungen für diverse Naturschutzkampagnen. Er gehört zum Gründungsvorstand des BUND/Bund für Umwelt und Naturschutz Deutschland.

Werner Seidel, Jahrgang 1946, war zunächst Werbefachmann (erst klassisch, dann im Bereich Ökologie und Naturschutz), später Sozialarbeiter; zuletzt arbeitete er als Sozialpädagoge mehrere Jahre im Übergangssystem Schule/Beruf.

Hanjo Seißler arbeitet seit 40 Jahren als Journalist (Zeitungen, Zeitschriften, Hörfunk und Fernsehen) für die Bereiche Politik, Kirchen und Soziales. Er ist felsenfest überzeugter Protestant. Sein Hamburger Großvater, Kommunist und flammender Atheist, politisierte seinen Enkel, als dieser 12 oder 13 Jahre alt war.

Sahra Wagenknecht ist seit 2010 stellvertretende Vorsitzende der Partei Die Linke und seit November 2011 eine von zwei ersten Stellvertreterinnen des Vorsitzenden der Bundestagsfraktion. Von 2004–2009 Mitglied des Europäischen Parlaments, seit September 2009 Mitglied des deutschen Bundestages; zahlreiche Buchpublikationen.

Ulrike Winkelmann war zunächst Redakteurin der *taz*. 2010 wechselte sie zum *Freitag* und ist seitdem dort Leiterin des Politikressorts.